橙實文化有限公司
CHENG -SHI Publishing Co., Ltd

Orange Money

橙實文化有限公司
CHENG -SHI Publishing Co., Ltd

Orange Money

「基金的逆襲」重磅回歸慶功版

兩個指標教你找到飆基金，
讓你降低風險、存款增值

作者 張國蓮

存股不如存基金

$

目錄

目錄

前言

》》》投資 3 件事

有人靠投資致富，有人因投資而破產，但更多數的人是在小賺大賠的情況裡。為什麼？中國的老祖宗有句名言：工欲善其事，必先利其器。直白的講，就是要做好一件事情，自己身上與身邊要有能幫忙成事的好工具，而投資人選擇基金這項投資工具，就是認為基金是個能幫自己累積財富的好工具。

然而，一個好工具放到一個使用態度不正確、使用行為有偏差的人手裡，還會是個好工具嗎？答案應該是不會。

因此就投資理財的角度來說，筆者個人認為，一個基金投資人在使用基金這項理財工具前，還要先調整好自己的投資概念、培養出良好的投資態度，才能做出對的投資決策。

並且，投資人於投資基金之後，除了將投資過程交由專業經理人外，在停利點設定與買賣的投資操作上也必須嚴守投資紀律，如此，才能提高投資基金成功的機率，達到累積財富的目標。

根據多年的投資經驗與觀察，投資人進場投資前，如果已經具備 3 個重要的投資概念：勢利、危機、錢滾錢，以及 3 個重要的投資態度：用閒錢投資、具風險意識、有足夠耐心，至少就有 70% 以上的成功機率了。

▶ 勢利 ：有勢才有利、乘勢逐利

山西晉商名滿天下，電視劇喬家大院就是以此為背景，該劇中有一個橋段是兩位晉商的對話，這個對話讓筆者很有感觸。在這兩個商人對話中，A 商人問 B 商人「你認為勢利是什麼？」我想一般人多會想到「勢利眼」吧！然而在 B 商人眼中，勢利卻是「有勢才有利」、「乘勢逐利」，對此，我深有共鳴。

深究「有勢才有利」這句話，筆者以為這個「勢」包括了形勢、趨勢、乘勢 3 個意涵。

形勢就是目前的狀態，以一個投資人而言，這包括了投資人本身目前的狀態，以及所面對的外在環境的狀態。例如，這個投資人的現況是單身，月收入 4 萬元，住在家裡等。而這個投資人所面對的外在環境狀態有兩部分，第一個部分是他目前所待公司的營運狀況，例如公司營運良好，年年都有調薪機會等；第二個部分是政經大環境的情況，例如台灣的經濟成長疲弱、政治變動不斷、股市成交量低等等。

趨勢就是對未來的預測。投資人根據現狀，以及蒐集到的資訊

來加以研判，預測未來可能的發展方向，例如投資人預期所待的公司業務發展將穩定成長，自己表現不錯，將有機會升官加薪等；又或者預期台灣經濟成長率有機會增長，股市將有一波漲勢等。

乘勢就是看到趨勢，也採取了相對應的策略與做法。例如商人看到商機，就添置設備、增加人力，來抓住這一波有利可圖的生意機會。就投資人而言，不外乎是看好一個市場的發展，就進場投資，若看空一個市場前景，就會離場觀望，就是放空這個市場。

以日本股市為例來說明「有勢才有利」以及「乘勢逐利」。日本首相安倍晉三於 2012 年 12 月 26 日就任，當時的形勢是日本經濟已陷入衰退情況多時，安倍晉三誓言要拯救疲弱的經濟，上任後實施一連串的刺激經濟政策，就是大家所熟知的安倍經濟學、安倍三支箭等。

對日本有興趣的投資人於 2012 年日本大選時，蒐集相關資訊，待安倍晉三篤定出線後，投資人就蒐集到的資訊了解，安倍晉三的救經濟想法、做法與決心，預測日本經濟有機會在首相安倍晉三的一連串刺激經濟作法下，出現改善契機，換句話說，預期日本股市將有一波漲勢，這就是趨勢。

於是投資人進場投資日本股市，也就是預期日股漲勢可期，有利可圖，因此乘勢逐利。而就日經 225 指數的走勢來看，確實日本股市自首相安倍晉三上台後有一大波段漲幅，幅度高達約 99.7%。

形勢、趨勢、乘勢環環相扣，了解形勢也預測對趨勢，但卻沒有辦法乘勢，結果自然是賺不到錢，許多投資人看對趨勢卻遲遲不敢進場，就是這種情況。

■ 安倍上台後的 2.5 年，日股漲幅近一倍

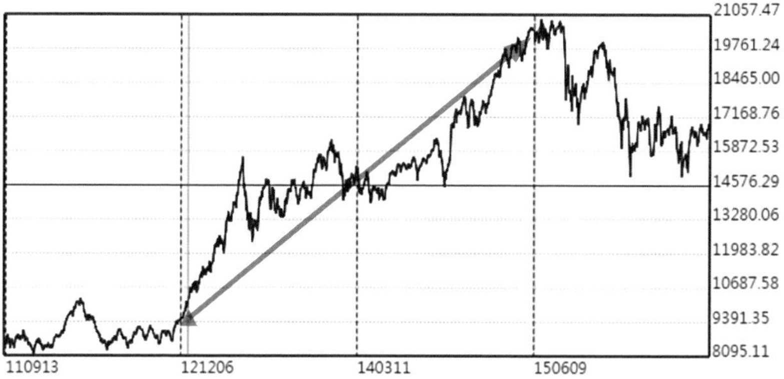

圖表資料來源：鉅亨網

危機＝危險＋機會

美國前總統甘迺迪曾經說過，用中文寫危機這個詞，包含兩個字，一個代表危險，一個代表機會。股市每天都在不確定的環境中，上漲、下跌或盤整。而當投資人面對 2008 年金融海嘯、英國脫歐公投這類引發股市大幅重挫危機時，你是只看到危機？還是能看到機會？

沒錯，危機事件發生造成股市大幅下跌時，手上有投資部位的投資人第一動作一定是要先降低自己的損失，然而緊急處理、降低手中損失之後呢？退場呆呆的觀望嗎？當然不是！以 2008 年金融海嘯為例，主要股市重挫都在 5 成以上，不論投資人是暫時退場或是套牢，下一步要思考、採取的策略卻是如何利用這次全球股災的危機，快速的讓財富翻倍。因為危險之後會伴隨機會，危險與機會是並存的。

以美國股市為例，股市在金融海嘯的大跌後，於 2009 年 2 月開始止跌，伴隨著美國聯準會實施一系列量化寬鬆政策，不斷往市場灑錢的資金利多拉抬下，股市一路往上，至今已經突破金融海嘯前的高點了。如果投資人準備好資金，於金融海嘯影響逐漸緩和、停止下，進場投資美國股市，投資獲利相當驚人。

■ 金融海嘯後，美股一路上漲

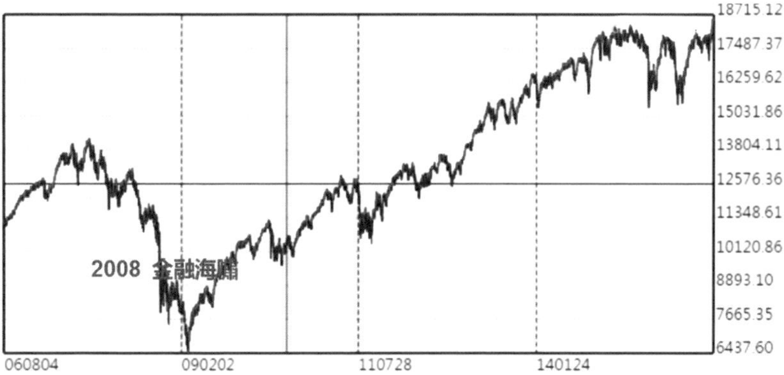

圖表資料來源：鉅亨網

■ 巴西股市大幅下跌後，出現大幅反彈走勢

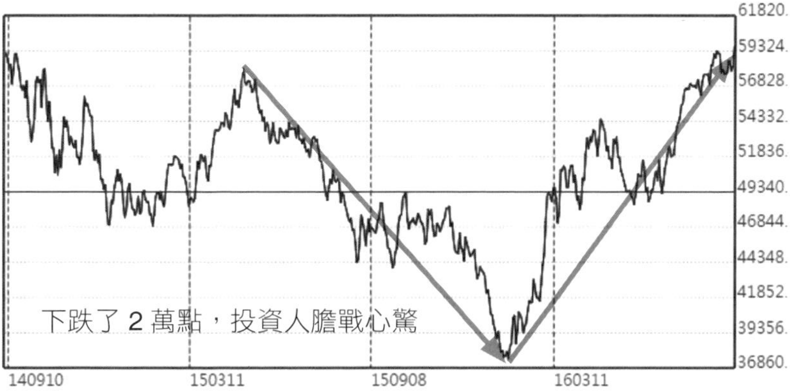

圖表資料來源：鉅亨網

再以巴西股市為例，2015 年初總統羅賽芙連任，但是民調支持率下滑到一成，隨著政治、經濟情況愈來愈混亂，巴西股市一路下跌，由年初的 58000 多點一路跌到 2015 年底的 37000 多點，跌幅達 36%。當時的巴西政經情況危急，總統被彈劾，經濟衰退而物價高漲，跌深的巴西股市讓很多投資人退場觀望。

如果，投資人了解危險經常伴隨著機會，大跌一個波段的市場很便宜而進場投資，那麼 6 個月時間，就約有 50% 的獲利了。

因此，危機等於危險 + 機會，更直白些 ：黑天鵝是能下金蛋的。所以投資人看到危險，先降低危險的機率與損害後，接著就要會抓住機會，財富累積才會快。

錢滾錢：投資理財

投資理財就是錢滾錢！第一個錢是投資人的資本，這可能是來自於投資人的存款，也可能是投資人借來的。如果是投資人自有資本，投資人要明白，這筆資金的成本就是銀行的存款利息，而如果是向銀行等借來的，那麼借款利率就是資金成本。所以從投資成本角度來看，利率高低決定了投資成本的高低，投資成本愈高，獲利機會當然就愈低。

「滾」是行動，對商人而言就是生產、製造、提供服務；對投資人來說就是投資股票、基金、ETF 等，藉由投資的行動，來增加與累積財富。

第二個錢是利潤、利息、投資報酬率，就是投資賺了多少。賺多少則取決於第一個錢的成本高低，以及投資行動。

了解投資理財是錢滾錢的行為，那麼對於資金安排、投資目標、獲利出場就需要用心，花時間思考。筆者看到太多投資人辛辛苦苦賺錢、存錢，卻很輕率地進場投資，基金名稱說不清楚，投資標的市場前景不太清楚，有一定獲利不知道落袋為安，賠錢就丟著不管，這樣錢是不會持續滾出錢來的。

錢滾錢要能累積財富

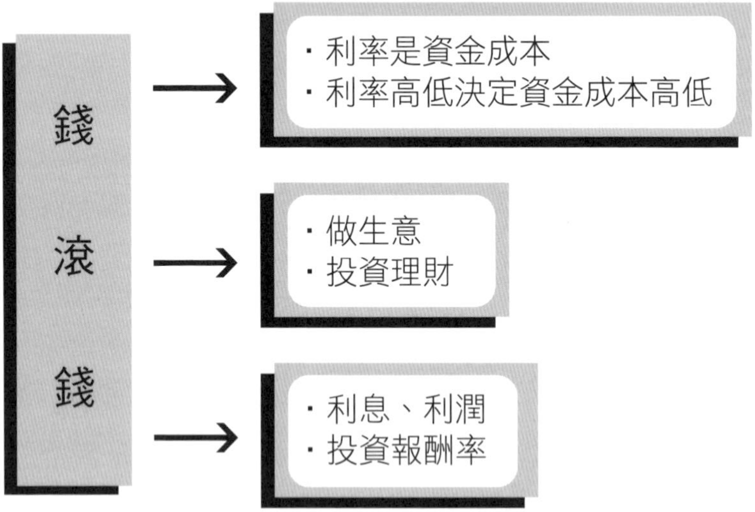

▶ 三個正確投資態度，提升獲利機率

用閒錢投資

俗話說，態度決定高度，就投資理財而言，態度對，讓投資道路走得更平順。首先，投資人盡可能用閒錢投資。閒錢是指不會影響生活的錢，一般多是收入扣除生活費用以及緊急預備金之後的部分。用閒錢投資的好處是成本低，遇到市場大跌，投資虧損很多時，除了心情不好之外，並不會對生活有影響。

因此，投資人不會因為擔心生活而承受太大壓力，也能以較為平靜的心情來評估情勢，擬訂危機入市對策與做法，將危機轉變成機會。

具風險意識

風險等於虧錢的可能性，就投資理財而言，就是不瞭解形勢、誤判趨勢，以及不會乘勢。具備風險意識的投資人，評估投資標的與採取行動都會比較謹慎，同時因為已經考慮最壞情況，因此即便最壞情況發生，也有了應對策略與做法。

筆者看到許多投資人，一看到消息面利多不斷、市場大漲，就立刻跳進去投資，完全忽略投資之後，可能會有虧損的情況。投資時只想到賺錢，而沒有想到可能虧錢，就是缺乏風險意識。

有足夠耐心

市場走勢或許會和投資人預期的不同，這是投資人進場投資前應該明白的情況。而當市場走勢與預期有所出入，是不是就該出場？這雖然牽涉到投資人對市場中長期看法與資金安排，然就基金投資而言，只要有足夠的耐心，善用定時（不）定額，或於股市低檔時單筆加碼，一定時間後，一樣可以獲利出場。

換句話說，有足夠的耐心可以讓投資人接受市場的不確定性，耐心等待市場朝自己預期的方向前進，成為最後的贏家。

第1招

基金提款密碼：

時間、價位

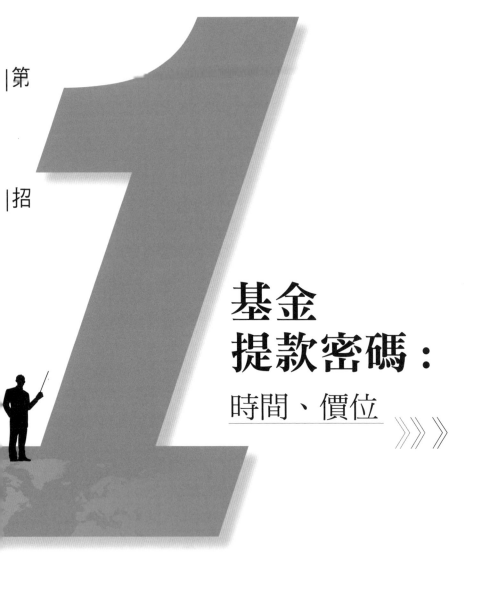

「時間就是金錢」，這是美國名人富蘭克林廣為人所熟知的一句名言，然而從投資理財角度來看，「時間就是成本」的說法將更為貼切。所謂時間就是成本包含兩種意義，一種是投資期間以其他方式投資的獲利。另一種是同樣的投資標的，因為不同的操作手法，而多出來的 N 次獲利。我們以巴西股市來舉例說明。

▶ 時間就是成本

19 頁上圖是巴西股市 5 年走勢圖，假設投資人單筆投資進場，且堅持要達到一定獲利目標，例如 30% 以上，才獲利出場。我們可以看到在以下幾個時點進場後的情況

X1：2012 年 3 月至 2016 年 8 月，4.5 年來持續虧損。

X2：2013 年 10 月進場，1 年後雖有高點，小有獲利，但未達停利點，沒有賣出，中間歷經多次震盪，至 2016 年 8 月為小幅獲利狀態。

X3：2014 年 9 月進場至 2016 年 8 月，2 年來都是虧損狀態。

X4：2015 年 9 月底買進，5 個月後開始獲利，且於 2016 年 8 月中賣出，獲利 30%。

B1：2011 年 10 月初買進，約 5 個月獲利超過 30%，賣出。

若投資人惜售沒有賣出，歷經帳面上的獲利與虧損多次，最近一次可能出場點約在 2016 年 8 月之後。

B2：2013 年 8 月進場投資，第一次於 2014 年 9 月，即約 1 年時間達獲利出場點，若投資人惜售，中間將歷經多次帳面上的獲利與虧損，直至 2016 年 8 月，約 3 年時間，才又有機會獲利出場。

B3：2015 年 1 月底進場投資至 2016 年 8 月，最近一次可能出場點約在 2016 年 8 月之後。

B4 ：2016 年 1 月 20 日買進，3 個月後即達獲利出場點。

由此可知，在 X1 進場的投資人的時間成本最高，這筆資金被卡住 4.5 年，不僅犧牲掉銀行的存款利息收入，或投資其它市場的獲利機會，而且至 2016 年 8 月底還是在虧損的情況，是典型賠了夫人又折兵的例子。在 X2、X3 與 B3 進場的投資人的情況雖然比 X1 好些，但也只是資金被卡住的時間比較短而已。

在 B4 進場投資人，時間成本最短，約 3 個月就達獲利出場點。另外，在 X4 進場投資人有 1 次獲利出場機會，在 B2 進場投資人有 2 次獲利出場機會，也就是說，在近兩年的時間裡，兩人的時間成本只比 B4 高。

■ 巴西股市 5 年走勢圖

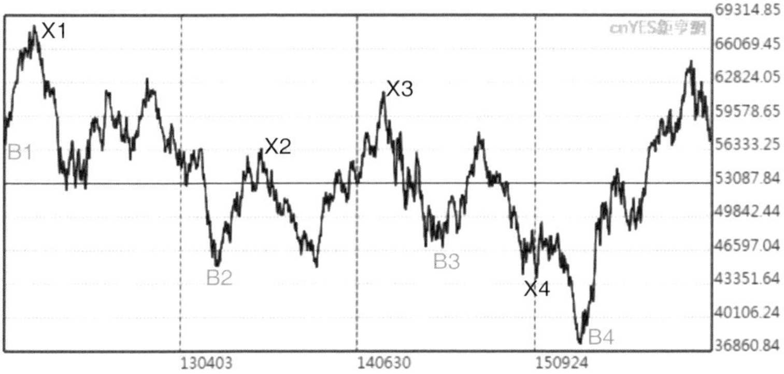

圖表資料來源：鉅亨網

■ 美國道瓊工業指數走勢圖

圖表資料來源：鉅亨網

再以美國股市為例，道瓊工業指數自 2009 年年初觸底之後，在美國聯邦準備理事會連續 3 次實施量化寬鬆政策，持續不斷灑錢之下，市場資金充沛，帶動美股一路走高，並創下金融海嘯後的高點。7 年多來，任何一個時間進場，多數時間是處於獲利狀態。

可以說，這 7 年來投資美股的投資人，時間成本有限，尤其拿來與巴西股市投資人相比，要負擔的時間成本可是低太多了。

▶ 價位愈低，獲利機會就愈高

同樣的一單位，用愈低的價格買進，代表付出的成本愈低或買的單位數愈多，而且買進的價位愈低，代表往上漲的機會比往下跌的機會愈高，當然獲利的機會也就愈高。

就像巴西股市中，在 B4 進場的投資人，他買到的價格相對其它所有投資人低，也就是同樣投資 10 萬元，他能夠買到的基金受益權單位數最多，而且當股市開始上漲之後，他的獲利的時間與幅度比其它人都快、都高，短短 6 個月就能獲利 50%。

再以多數投資人青睞的高收益債市場為例，受到發債規模持續大幅增加、聯邦準備理事會將升息疑慮、以及聯邦準備理事會主席葉倫點名高收益債有超漲嫌疑等不利因素打擊，高收益債市場從 2015 年 6 月起出現一波大幅修正，至 2016 年 2 月初的低點，8 個月約下跌 10.5%。

可想而知，在 2015 年 6 月（圖中 A 點）買進高收益債券基金的投資人，因為買在相對高的價位，得忍受 8 個月來市場不斷下跌的情況，而且要熬 1 年才開始轉虧為盈，而如果投資人是在 2016 年 2 月初（圖中 B 點）進場，因為買在相對低的價位，7 個月來享受獲利持續增加的喜悅，至 2016 年 9 月初，獲利達 18% 以上。

■ 美林全球高收益債指數

圖表資料來源：鉅亨網

▶ 市場特性：循環！循環！循環！

就像談到房地產投資，大家都知道挑選的必要條件是地點！地點！地點！而提到投資市場，不論是股票市場、債券市場、商品市場，大家應該要知道的市場特性就是循環！循環！循環！在市場不停的變動與循環下，時間、價位的選擇就成為獲利以及累積財富速度的關鍵密碼。

> **名詞解釋**
> 循環多以從一個明顯低/高點到下一個明顯低/高點之間為一個循環周期。

市場永遠是漲跌交替的過程，同樣的變化不斷重複上演。循環不是一路往上或一路往下，中間會上上下下，也會橫盤；循環有大循環與小循環，有速度快與速度慢的循環，也就是說，每個市場都有自己的性格，投資人進場前要先清楚標的市場的特性。

以日本股市為例，日本股市是成熟市場，2008 年金融海嘯襲擊下，日經 225 指數，大跌近 6 成，約歷經 3 年谷底震盪，才開始往上漲，再花 2 年時間回到金融海嘯前的高點，循環周期高達 8 年，呈現 U 型底。

台灣股市是急漲急跌的特性，同樣在金融海嘯期間修正近 6 成，隨後急速反彈，約 1 年時間收復 9 成以上的的指數跌幅，循環周期約 2.5 年（若是計算至重新回到金融海嘯前的位置，以此概算循環周期為 8 年），呈 V 型，約是日股循環周期的三分之一。

■日本股市為成熟市場，循環周期相對長

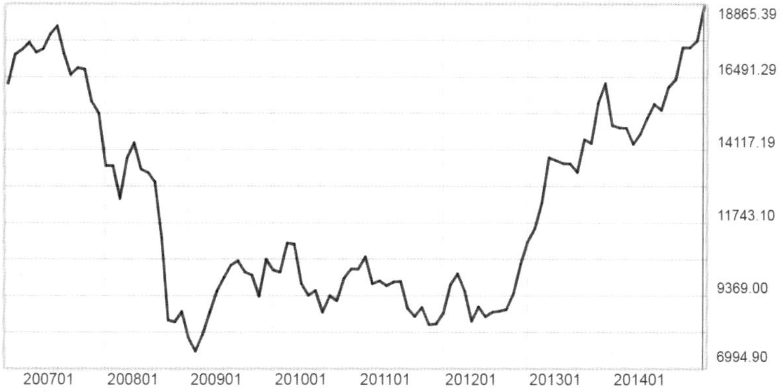

圖表資料來源：鉅亨網

■ 台股特性是急漲急跌，循環周期相對快

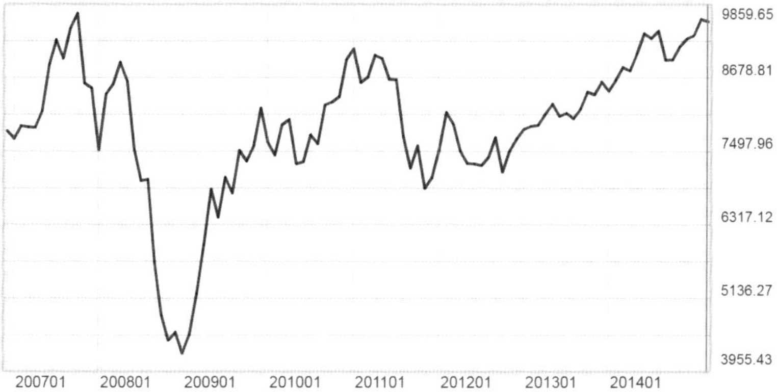

圖表資料來源：鉅亨網

循環中的上檔空間與下檔空間

在不斷變動、循環的市場中，如何在相對低點買進、相對高點賣出，攸關投資人獲利以及累積財富的幅度與速度。因此，坊間才會有技術分析這門學問來教大家怎麼抓買賣時間點，投資人有興趣可以自行了解、學習。在本書，筆者要告訴大家一個較不科學、精密，但是簡單的方法來抓買賣的相對高低點。

當投資人鎖定一個市場時，可以先利用網路免費資源，把該市場 5 年走勢圖拉出來，然後把最高點與最低點相加，再除以 2，得出 5 年股價指數的平均值，然後將平均值畫一條線，稱為中間線。例如至 2016 年 8 月底巴西股市 5 年的中間線位置約在 52765.97 點，而美國股市 5 年的中間線位置約在 12569 點。在中間線以上，稱為上檔空間，在中間線以下稱為下檔空間。

筆者個人偏好看 5 年市場走勢圖，若投資人有興趣，也可以選 3 年或 10 年走勢圖，或者同時搭配來看，這些做法都是可以的。

■ 巴西股市 5 年走勢圖

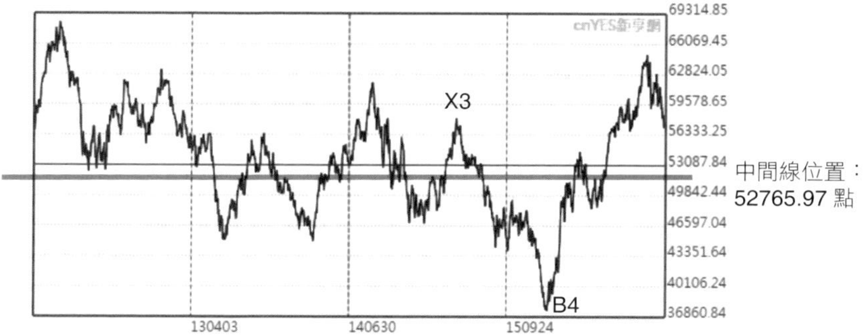

圖表資料來源：鉅亨網

■ 美國道瓊工業指數 5 年走勢圖

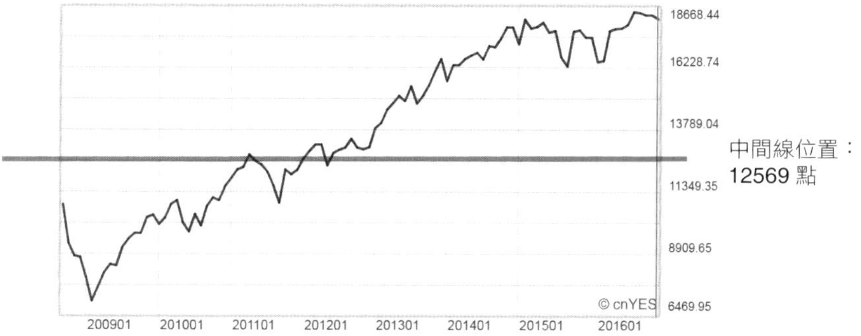

圖表資料來源：鉅亨網

中間線位置以上

當經濟面、政治面、資金面等情況不變，股市若位在中間線位置以上，股市的上檔空間可能會開始變小，亦即股市上漲機率與幅度可能會逐漸減少。因此，投資人若發現自己要投資時的股市已經在中間線位置以上，投資心態要開始偏保守，離中間線愈遠，投資心態就愈保守。

中間線位置以下

當經濟面、政治面、資金面等情況不變，股市若位在中間線位置以下，股市的下檔空間可能會開始變小，亦即股市下跌機率與幅度可能會逐漸減少。因此，投資人若發現自己要投資時的股市已經在中間線位置以下，投資心態要開始偏積極，離中間線愈遠，投資心態就愈積極。

換句話說，若投資進場時點是位在相對高的上檔空間中。例如以巴西股市為例，X3，就需要等待比較久的時間，才有機會獲利。反之，若處在 B4 這個相對低的下檔空間，獲利時間、幅度都相對快與高很多。

需要再進一步說明的是，在中間線位置以上進場投資，股市有可能會繼續漲，只是上漲的機率與幅度會因為離中間線愈來愈遠而開始變小，同理，在中間線位置以下進場投資，股市也有可能會繼續跌，而下跌的機率與幅度將會因為離中間線愈來愈遠而愈來愈低。

利用中間線位置與進場點位置的對比，可以冷靜因看到股市一路漲而火熱、想要立刻買進的躁動心情，也可以消除看到股市一路跌而遲疑的心情，而有勇氣買進。

畢竟依照多數投資人的習性，通常是在市場利多消息不斷，股市持續上漲，甚至已經大漲一段時，因為樂觀預期未來上漲空間，而衝動地進入市場投資；相反地，當壞消息不斷，市場持續下跌一段時間時，投資人即使知道市場相對便宜，但是因為擔心、害怕未來市場會更糟，也就遲遲不敢進場買進。

利用中間線位置的輔助，投資人在不停變動與循環的市場中，就可以克服人性中的貪婪與猶豫，買在相對低點與賣在相對高點。

或許投資人會問，為何市場總是不停的變動與循環？其實這是受經濟、政治、資金等因素影響，所以接下來就說明經濟面、政治面、資金面如何對市場造成影響。

▶ 經濟是支撐股市表現的基礎

經濟面反映一個國家的健康狀況，而股市是經濟的櫥窗，通常會領先經濟一段時間。投機大師安德烈 ・ 柯斯托蘭尼曾經說過：

「經濟基本面與證券市場有如主人與狗，即使狗兒會跑在主人之前或之後，但前進的大方向相同，而且最終狗兒會回到主人身邊。」這句話一語道出，股市超漲超跌後，終究會回到一國經濟水平該有的位置。

傳統上的經濟景氣循環，會呈現出從蕭條→谷底→復甦→成長繁榮→衰退的一個循環圖，如圖所示。就投資理財角度，我們一定是買在由谷底轉為復甦的階段，然後賣在繁榮頂點。

■ 景氣循環階段

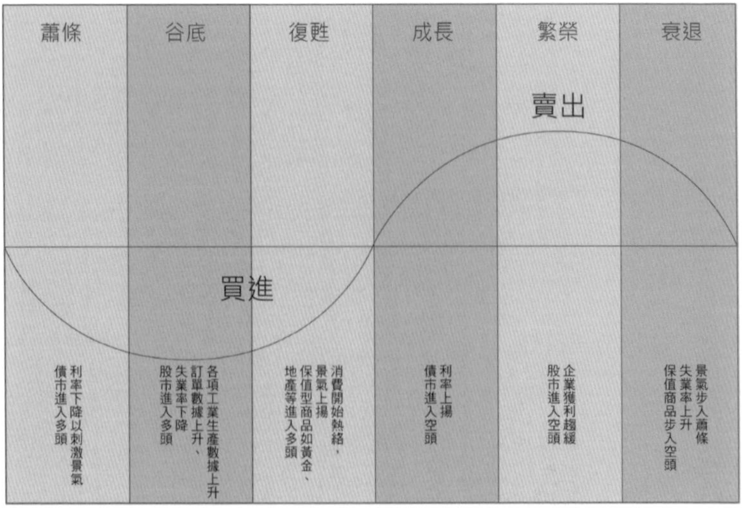

至於要觀察一個國家目前與未來的經濟情況，有許多指標可以

至於要觀察一個國家目前與未來的經濟情況，有許多指標可以參考，本書只介紹經濟成長率、採購經理人指數、物價、利率幾個常用的指標，若讀者有興趣，可以參考經濟學等相關書籍。

經濟成長率（GDP）

經濟成長率的學理定義是一國境內人民在某一段時間內所生產的最終商品與勞務的總市值。

公式為 GDP= 消費 + 投資 + 政府支出 + 進口 - 出口。

這個指標主要是衡量一國經濟的體質，需要觀察一段時間的季或年增長率。

例如，根據經濟合作暨發展組織（OECD）的資料顯示，多年來全球實質經濟成長率約在 3% 上下震盪，代表經濟體質並沒有明顯的轉好。主要國家中則以印度的表現最好，2015 年起已經超越中國大陸，且持續穩定增長。而巴西表現最差，2015 年由正轉負，預測 2017 年雖有改善，但依然是負成長。

■ 全球與主要國家實質 GDP 走勢圖　　單位 %

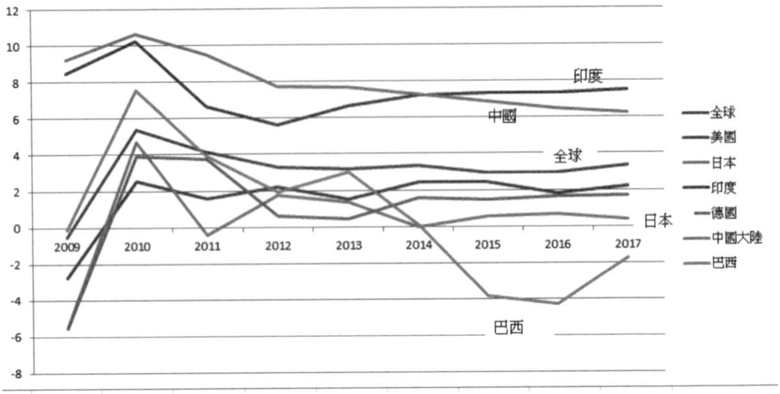

資料來源：OECD 與 2017 為預測值

消費者物價指數（CPI）

這個指標反映的是民眾口袋中的錢變多了還是錢變薄了？若一定期間內物價水準持續上揚，這種現象就稱為通貨膨脹，民眾會感覺口袋的錢變薄了。

一般來說，較高的通貨膨脹率會使得投資收益下降，尤其在景氣循環高峰期時，若通膨升溫，一國的中央銀行通常會採取緊縮貨幣政策來防止景氣過熱，此舉將不利於股票市場的表現。

以 2017 年全球主要國家的物價來看，除了巴西、印度有通貨膨脹隱憂外，多數國家物價都在相對低的水平，面對的反而是通貨緊縮的情況。通貨緊縮是指一段時間內物價持續下跌的過程，例如日本在 1990 年代股市、房市泡沫破滅之後，物價持續下跌，而且連續十幾年停不下來，即使採行量化寬鬆（QE）政策，至今仍然無法離開通貨緊縮的狀態。

名詞解釋

量化寬鬆（Quantitative easing），簡稱 QE，是一種貨幣政策，主因是官方利率為零或接近零的情況下，中央銀行印鈔票來購買政府及企業債券等資產，把資金注入市場中，來刺激銀行借貸，以達到重振經濟的目的。

美國曾在 2009 年初至 2010 年 10 月實施量化寬鬆的貨幣政策，來挽救受金融海嘯襲擊後的疲弱經濟，成效褒貶不一。另外歐洲央行也實施量化寬鬆政策，希望能解除歐盟國家所面臨的通貨緊縮情況，但尚未見到明顯成效。

約在 2003 年，市場針對此種利用量化寬鬆做法來刺激經濟景氣的情況，以通貨再膨脹稱之，因為這是一國政府透過向經濟體大量注入資金，希望藉由拉高物價來讓已經大幅下滑的經濟再次進入通貨膨脹狀態。

至於停滯性通貨膨脹，這是指經濟成長停滯與通貨膨脹並存的現象，2016 年的巴西就是這種情況，巴西的物價維持在高檔，經濟不但停滯而且還衰退，這是比通貨膨脹還要嚴重的情況。

■ 全球主要經濟體 CPI 走勢圖　　單位 %

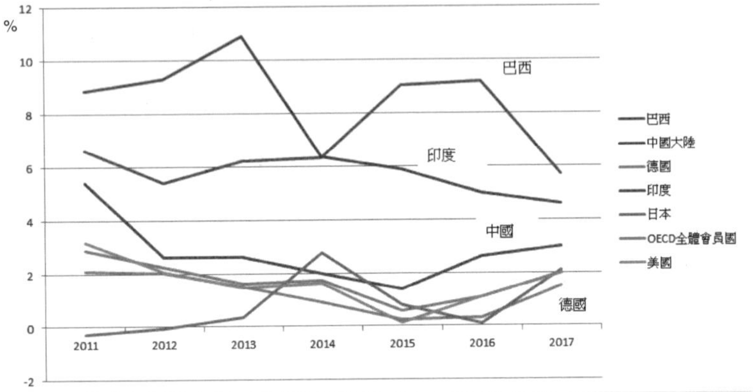

圖表資料來源：OECD，2016 與 2017 為預測值

製造業採購經理人指數（PMI）

一般以數值超過 50，代表製造業擴張，當數值低於 50，則代表製造業景氣趨緩；而數值與 50 之間的差距，則代表擴張或衰退的幅度。

美國 ISM（Institute for Supply Management）發布的製造業採購經理人指數是最受市場關注的指標之一，也是美國聯邦準備理事會（FED）長期追蹤，做為是否調升利率的觀察指標之一。例如 ISM 發布 2016 年 6 月 PMI，從 5 月的 51.3 勁升至 53.2，締造 2015 年 2 月來最高紀錄，市場就出現擔心 FED 會不會因此加快升息腳步的聲音，而當 7 月數字略為下滑至 52.6，市場就稍微鬆口氣。

而在 8 月製造業指數跌至 49.4，低於市場預期的 52，是自 2 月以來首次跌破 50 水平，讓市場預期 FED 升息機率大減，只是隨後官員升息意圖明顯的談話，嚇壞了投資人，引爆 9 月 9 日美股重挫近 400 點，並引發全球主要市場跟著大跌。

■ 美國 ISM 製造業採購經理人指數

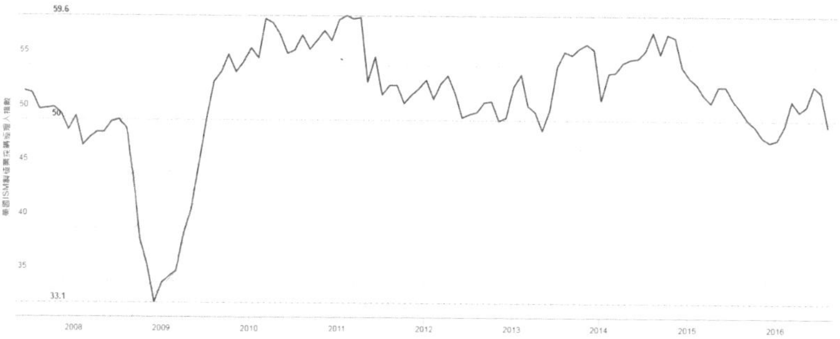

圖表資料來源：Institute for Supply Mangement

利率

從借款人來看，利率是資金的成本；從投資人角度來看，利率攸關投資收益的高低。

當利率低時，借款人的資金成本低，會更樂於借錢，而投資人則會把錢往收益較高的地方擺，例如股市；而當利率高時，借款人會因為資金成本高而降低借錢意願，投資人則會偏愛風險相對低而利息收益高的債券市場，因此利率高低會引發資金的流動。

2008 年全球主要國家經歷金融海嘯震撼後，多引導利率走低，來營造資金寬鬆的環境，以拯救疲弱的經濟。日本、歐洲已經處於負利率或零利率的水平，而美國利率也是來到 0.5% 左右。亞洲新興國家的利率水平則多在 1~2% 之間。

接近零的利率，甚至是負利率，代表民間銀行如果把錢放到中央銀行，得要反過來支付費用，而投資人投資債券不但拿不到利息，債券到期時拿回的本金也會變少。

因此資金開始往股票市場這類較高收益的地方跑，結果我們就看到美國股市自 2009 年初以來一路往上，在資金推波助瀾下，創下了歷史新高點，如 38 頁圖所示。

■ 主要工業國家利率概況

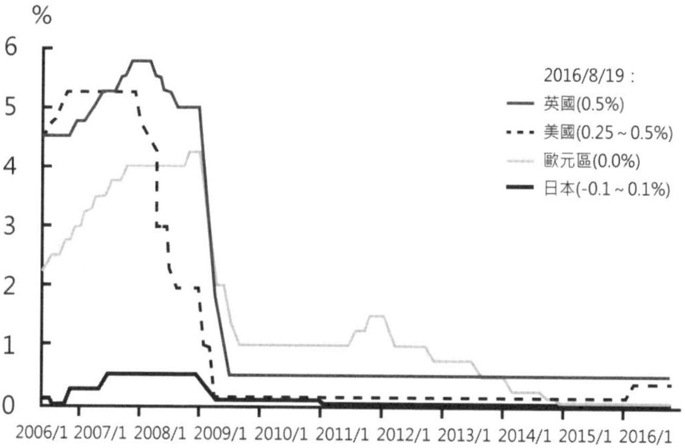

註：為美國為 federal funds rate，歐元區為 MRO rate（main refinancing operations rate），英國為 offical bank rate，日本為無擔保隔夜拆款利率。

圖表資料來源：台灣銀行經濟研究報告

■ 亞洲主要國家利率概況

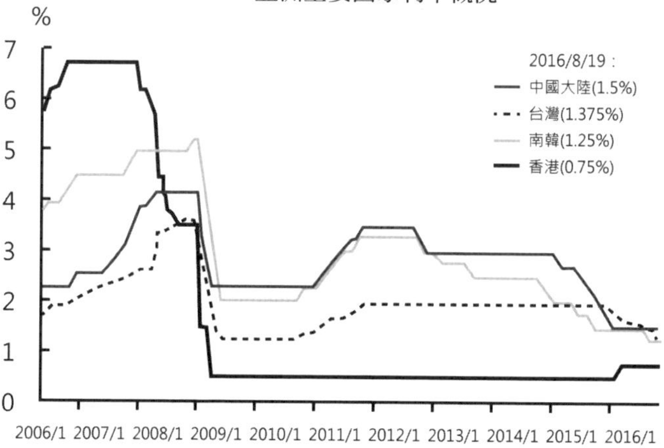

註：中國大陸為一年期基準存款利率，南韓為 7 天期附買回利率，台灣為重貼現率，香港為貼現基本利率。

圖表資料來源：台灣銀行經濟研究報告

■ 利率與股市走向相反

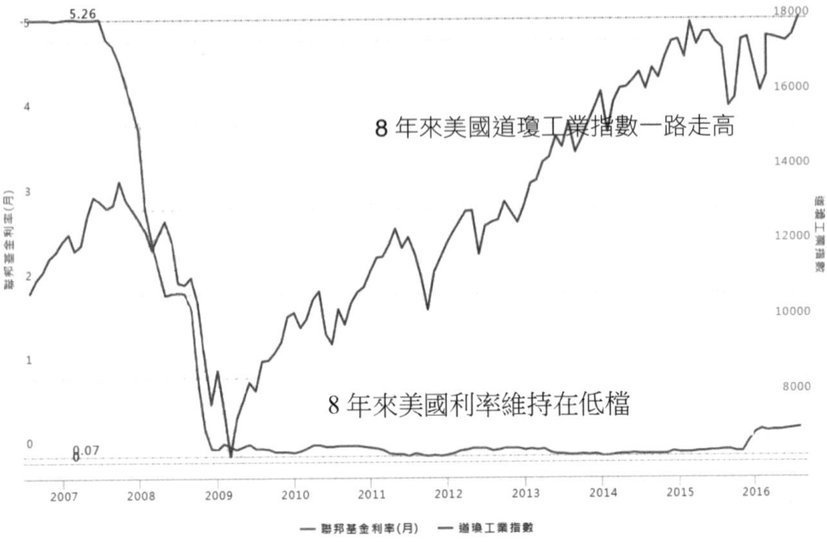

圖表資料來源 :Stock-ai

另外，在基準利率或短期利率持續走低帶動下，長期債券利率也是一路往下，例如德國 10 年期長期公債在 2016 年 7 月首度標售時，竟然破天荒的出現 -0.05%，是歐元區第一個 10 年期公債負利率的國家，而這是因為通貨緊縮、經濟疲弱、地緣政治風險充斥、加上日本、歐洲央行將利率轉負，促使投資人搶買優質公債避險所導致的結果。

▶ 資金流向，牽動市場漲跌

資金是股市血液，當市場資金充沛時，即使一國的經濟面、政治面情況並不佳，股市仍可能在資金簇擁下有一波漲勢，例如 2016 年巴西股市從年初起漲，約 7 個月時間，漲幅超過 50%，而流入拉丁美洲的資金也在連續 4 年淨流出後，2016 年至 7 月首度出現約 2.6 億美元的淨流入。

美國道瓊股價指數能從 2009 年初起漲至 2016 年，8 年多來漲勢似停未停，除了先前提到利率維持低檔之外，另一個重要原因就是 FED 自 2009 年 3 月起至 2013 年，連續實施 3 波量化寬鬆政策，概估超過 4 兆的資金被注入市場，這也是看空美股者的攻擊點，強調由資金堆砌出來的泡沫，終究會破滅。

簡單來說，投資人應該要關心資金流向，因為資金流往哪裡，投資獲利機會就在哪裡。而觀察資金流向的其中一個重要指標，就是幣值的升貶。如果台幣升值，代表市場搶著要台幣，購買者包括本地人與外國人。

以台灣股市為例，2016 年 8 月初台股突破並站上 9000 點，市場上就出現要注意台股是不是有可能會無法克服 2015 年 7~8 月股市大跌的一個技術性缺口，而出現一波較大的下跌幅度。

■ 美元兌台幣走勢圖

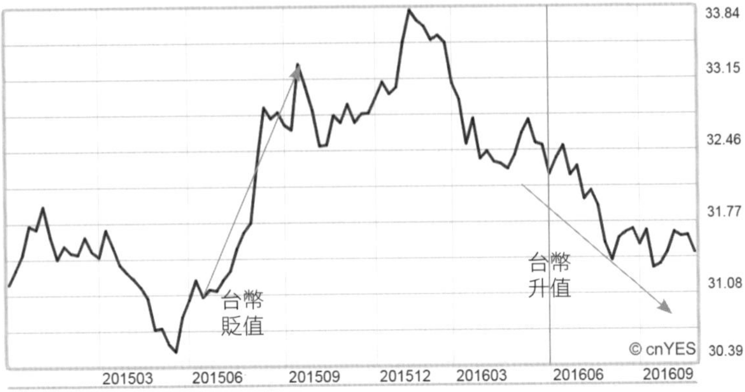

圖表資料來源：鉅亨網

純就台幣升貶值來看，2015 年 5 月起，台幣約在 3 個月的時間內有一波較大的貶值幅度，當時外資撤出台股的聲音不斷，台股也有一波下跌走勢。反觀 2016 年 8 月初的台幣處於持續升值的情況，顯示外資資金持續進入台灣，直至 8 月 10 日，台幣中斷升值走勢，此時台股也開始高檔震盪，漲勢受阻。

▶ 政治情勢影響市場，威力不容小看

政經不分家，說的就是政治情勢會影響經濟表現，當然就會影響到股市的漲跌，日本就是政治面影響股市表現的最佳案例之一。

日本首相安倍晉三於 2012 年 12 月 26 日就任，為擺脫日本的通貨緊縮困境，並重振疲弱的經濟，提出安倍經濟學的三箭計畫：

推動寬鬆貨幣政策、擴大財政支出，以及結構性經濟改革與成長策略三大政策，此即所謂「安倍三箭」。反映投資人高度期待首相安倍的刺激經濟政策，日經 225 指數持續走高，2.5 年的時間，漲幅約高達 1 倍。

2016 年 7 月 10 日，首相安倍晋三所屬自民黨領導的執政聯盟在參議院贏得了多數席位，佔有三分之二的大多數。執政聯盟更穩固地掌握權力，意味著決策者可能更容易透過擴大後的財政刺激政策來振興日本經濟，當天日經 225 指數開盤跳漲、一路上衝，尾盤漲幅雖有所收斂，終場仍大漲 601.84 點或 3.98% ，收 15708.82 點，創下 1 週來收盤新高，並寫下 4 個月來最大單日漲幅。

隨後日股依然持續上漲，7 月 27 日安倍宣布，日本將推出總規模達 28 兆日圓（約 2650 億美元）的經濟刺激計劃，其中 13 兆日圓（約 1233.5 億美元）為財政刺激措施，該數字幾乎是日本經濟總量的 6%，也遠高於市場傳聞。我們可以發現，整個 7 月日本股市的上漲主要就是受政治面因素引動的結果

■ 日經 225 指數走勢圖

圖表資料來源：鉅亨網

▶ 變動因素塑造市場循環特性

既然經濟面、資金面、政治面等本身不是具備循環特性，就是具有變動特性，或兩者皆具有，投資人觀察這些循環、變動的因素來預測市場未來可能走勢，投資人的預期心理當然是處於不停變動的狀態，進而影響到買與賣的投資行為，也就造成市場上下起伏、循環不已的情況。

這些經濟面、資金面、政治面的因素不僅來自當地市場，也來自外部市場，在不斷相互作用下，影響股市漲跌，而且是一直持續發生著。但不管怎麼循環、變動著，找出相對高低點，掌握好時間與價位這個關鍵密碼，投資獲利的機率將大為提高。

第2招

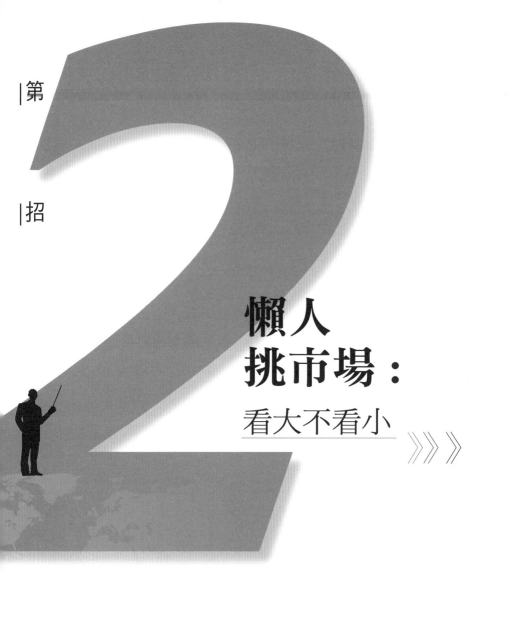

懶人挑市場：

看大不看小

投資市場的分類與相關題材很多，投資人花很多心思挑選與評估，目的是希望找到未來一定期間內讓自己大幅獲利的市場。

以傳統地理區塊來看投資市場，主要有北美洲、拉丁美洲、歐洲、亞洲、太平洋、非洲。這些大的區塊中，還包含了中小型的區塊，例如歐洲區塊，可以再區分出東歐、南歐、北歐、西歐等，亞洲區塊則包含東北亞、東南亞、印度大陸等等。

也有傳統地理區塊與經濟體混合而成的投資市場劃分方式，例如亞洲除日本以外的新興亞洲市場、以中國大陸、香港、台灣為主的大中華經濟體，以及東協國家等等。

相對應的基金商品就有北美洲區域型股票基金，拉丁美洲股票型基金、歐洲股票型基金、亞洲股票型基金，以及東歐股票型基金、印度大陸股票型基金、大中華區股票型基金、東協股票型基金等等。

債券基金投資標的市場的分類方式稍有不同，主要是傳統地理區塊與債券的信用評等混合而成的投資標的市場，例如全球公債市場、全球投資等級債市場、全球高收益債市場、美國高收益債市場、歐洲高收益債市場、新興市場債券等等。

對應到基金商品上，就有全球公債基金、全球投資等級債基金、全球高收益債基金、美國高收益債基金、歐洲高收益債基金、新興市場債券基金等等。

其它投資市場還包括黃金、能源、農產品等等，也有相對應的基金商品等等。

▶ 股票型基金最多的投資題材

全球經濟體主要分為成熟經濟體與新興經濟體兩大分類。成熟經濟體又稱已開發國家、發達國家、工業化國家，是指經濟發展水準較高，技術較為先進，生活水準較高的國家，這些已開發國家大多具有較高的人均國民生產總值（per capita GDP），八大工業國家（G8）就是其中的代表。

八大工業國家又稱富國俱樂部，包括美國、英國、法國、德國、義大利、加拿大、日本與俄羅斯，興起於 20 世紀，主要是資本主義經濟體歷經美元危機、石油危機等而一度惡化，這些國家為了拯救經濟危機、貨幣危機，在 1975 年召開高峰會，之後每年召開一次，就是大家熟知的 G8 高峰會。

新興經濟體又稱為開發中國家、發展中國家、新興國家、新興市場經濟體，是指經濟、社會方面發展程度較低的國家，與已開發國家呈相對的一個概念。新興經濟體是 2000 年來最受投資人青睞的市場，投資題材也最多。

例如，除了英國經濟學人雜誌將新興經濟體分為兩梯次，第一梯次是金磚四國，第二梯次是新鑽十一國外，還有多個投資題材被喊出，整體說明如下。

金磚四國（BRIC）

2001年由美國高盛經濟學家吉姆奧尼爾提出的金磚四國概念，預期巴西（B）、俄羅斯（R）、印度（I）、中國（C）的經濟快速發展，將主導新興市場中的走勢，超越英、法等國，隨後10年時間BRIC成為市場寵兒，約於2008年金融海嘯前見頂，波段漲幅從4.8倍~11.8倍不等。金融海嘯之後，股市雖有反彈，但榮景日衰，隨後巴西、俄羅斯等經濟停滯或衰退，中國、印度經濟成長趨緩，金磚四國美名不再。

金磚四國2001~2008年金融海嘯前的波段漲幅

巴西	740%
俄羅斯	1182%
印度	616%
中國	481%

新鑽十一國（N-11）

繼金磚四國後，高盛於 2005 年底推出經濟潛力緊跟金磚四國的新鑽十一國。分別是墨西哥、印尼、尼日、韓國、越南、土耳其、菲律賓、埃及、巴基斯坦、伊朗、孟加拉。結果不如預期，叫好不叫座。

展望五國（VISTA）

日本金磚四國經濟研究所的負責人門倉貴史，於 2007 年 7 月的日本《經濟學人》周刊發表 VISTA 五國。他認為這五國將繼金磚四國之後，成為下一代有潛力的新興國家。VISTA 就是這五國英文名稱第一個字母的合寫，分別是越南（Vietnam）、印尼（Indonesia）、南非（South Africa）、土耳其（Turkey）和阿根廷（Argentina）。

其中的印尼股市最有表現，印尼是東協國家中，相對具成長潛力與題材的國家，包括全球人口第四大國、蘊涵大量天然資源、全球電煤、天然氣、石油主要出口國之一等，多元題材成為印尼經濟成長的強力後盾，使得印尼能不斷成為各種題材的成員之一，也持續不斷獲得外資的青睞。

■ 2006 年以來印尼股市走勢圖

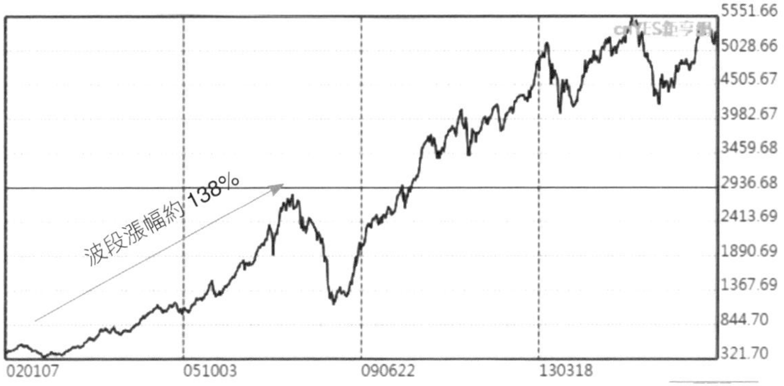

圖表資料來源：鉅亨網

靈貓六國（CIVETS）

經濟學人資訊中心（EIU）全球預測主任沃德（Robert Ward）於 2005 底提出，但直到 2011 年滙豐（HSBC）執行長紀勤（Michael Geoghegan）加持後，靈貓題材才廣為市場熟知。靈貓是哥倫比亞（C）、印尼（I）、越南（V）、埃及（E）、土耳其（T）、南非（S）這六個國家英文名稱第一個字母的合寫。主要以新興市場、年輕人口及天然資源三大概念來產生的。

飛鷹國家（EAGLES）

西班牙銀行於 2010 年發表飛鷹國家（EAGLES），來代表最具成長實力的新興國家。EAGLES 不是國名縮寫，而是指「新興及領先成長國家」（Emerging And Growth-Leading Economies），強調的是經濟成長力道，而非整體經濟規模。

飛鷹國家包括金磚四國、台灣、印尼、土耳其、墨西哥、埃及和南韓。西班牙銀行認為後面 6 國未來 10 年經濟成長率將增加近十兆美元，占全球成長的 10％；若再加上金磚四國，10 個飛鷹國家將占去全球成長半數以上，比美國、英國、法國、德國、義大利、加拿大、日本這 7 個富國占的三成還多。

迷霧四國（MIST）

曾在 2001 年喊出「金磚四國」一詞，引爆投資熱潮的歐尼爾，再度於 2011 年提出迷霧 4 國。MIST 是指墨西哥（Mexico）、印尼（Indonesia）、南韓（South Korea）、土耳其（Turkey），這 4 個國家的經濟成長率佔全球經濟成長率的比重都超過了 1%，歐尼爾預期這 4 個經濟體因為具有人口結構年輕、人口快速增長、經濟形勢良好的條件，將來經濟規模都會持續增加，最終將成為舉足輕重的增長型市場。

維他命十國（VITAMIN）

2012 年日本趨勢預言專家大前研一在其著作《大資金潮》中指出，全球資金潮已從金磚四國，繼續流向「維他命十國」等新興國家。VITAMIN 就是越南、印尼、泰國、土耳其、墨西哥、伊朗、伊拉克、奈及利亞、阿根廷與南非各國英文名稱的字母開頭組合。

以上題材只是眾多題材中的一部分，市場上永遠有不同的題材在發酵。然而，雖然投資題材多，讓投資市場很熱鬧，但投資人不只要看熱鬧，也要學會看門道。從金磚四國、新鑽十一國、迷霧四國、靈貓六國、展望五國、維他命十國、飛鷹國家這些題材中，門倉貴史就提出了 5 個判斷新興國家潛力標準的重要依據，包括

1. 是否有豐富的自然資源
2. 年輕勞動力是否呈成長趨勢
3. 是否積極引進外資
4. 政治是否穩定
5. 具有購買力的中產階級是否在崛起

觀察這 5 項標準，除了第 3 項外資因素是希望依賴外部資源外，其它都是一個國家的內部條件，而通常內部條件愈好，外資來的速度與資金量就不容小看。

另外，題材包裝與宣傳可以有效吸引投資人的注意，就有機會吸引大量資金進入該市場。而若題材還有經濟基本面的強力支持，市場通常會有一波較長期、較強勁的漲勢與漲幅。早期的金磚四國是最成功的例子，投資題材包裝佳，該段期間經濟也繳出不錯成

績，所以能夠有 4.8 倍 ~11.8 倍的漲幅，個別國家則以印尼、南非的表現相對亮眼。

▶ 看大不看小，建立基本投資組合

投資市場很多，坊間有許多教投資人的方法，不過若投資人喜歡化繁為簡，把挑選過程的複雜性，有邏輯、有方法的簡單化，那麼可以採取「看大不看小」的原則，來挑選投資標的市場，建立基本的投資組合。

所謂的「看大不看小」的原則，就是只挑重點、具代表性的市場或經濟體，因為它們應該已經囊括至少 70% 的全球主要獲利機會。先把這些市場或經濟體納入基本投資組合中，行有餘力，再花時間挑選其它有潛力，會於未來一段時間有表現的市場。

「看大不看小」有兩種挑選方式。一是以區域為目標市場，例如從歐洲區域（包括歐元區、東歐區域）、美洲區域（包括北美區、拉丁美洲）、亞洲區（包括亞洲含日本、亞洲除日本、大中華區、東協國家、印度大陸等）、太平洋區塊（包括亞洲以及澳洲、紐西蘭）、非洲大陸（ 南非為主）等挑出主要的大區塊市場。

另一個是以區域中『最大經濟體』國家為目標市場，例如北美洲中以美國為主，歐洲以德國為主、東歐以俄羅斯為主、拉丁美洲以巴西為主、亞洲中以日本、中國、印度為主。

投資人可以發現，這些大國在相對應的區域型基金中佔比約至少 30% 以上，有的更高達 90%，例如北美區域型基金中，美國比重近 90%，這跟直接買美國基金的差異並不大。

■ A 北美區型股票基金 2016 年 6 月底區域持股分布

國家分布	
美國	89.1%
加拿大	6.9%
現金	4.0%
總額	100%

■ B 拉美洲區域型股票基金 2016 年 6 月底區域持股分布

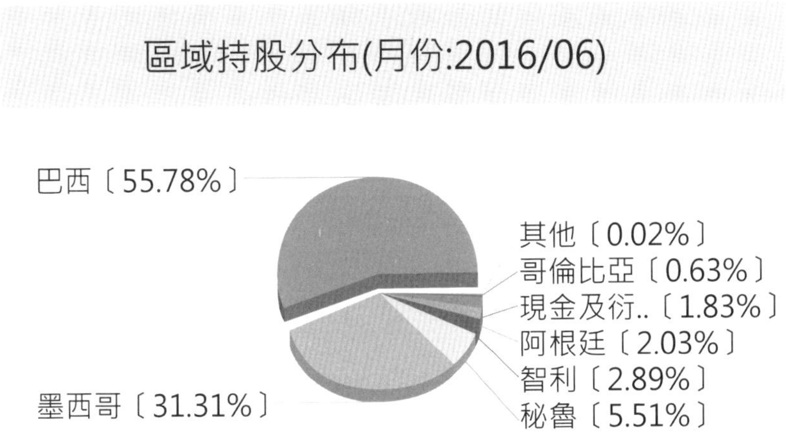

這些大的區塊或大的經濟體，是投資人應該列為投資標的市場的基本選項，就像以全球為主要投資市場，選擇全球型基金；而以經濟區塊為主要投資市場，選擇美洲、拉丁美洲、亞洲、歐洲等區域型基金；若以龍頭大國為主要投資市場，優先選擇美國、巴西、德國、日本、中國、印度等。

當然投資人還是要考慮投資資金多寡，不需要一次就投資齊全，可以在資金允許下，逐步配置完成。這樣做的好處是，主要市場或國家都涵蓋，投資人不會錯過可能的獲利機會。

基本的投資市場組合參考範例

投資組合一	投資組合二	投資組合三
全球型股票基金 單一國家股票型基金	北美區股票型基金 亞洲區股票型基金 歐元區股票型基金 拉丁美洲股票型基金	美國股票型基金 德國股票型基金 中國股票型基金 印度股票型基金

同樣地，債券型基金的投資標的市場，投資人可以全球型的債券型基金、歐洲債券型基金、美國債券型基金、亞洲債券型基金等為主要投資標的市場，至於是公債、投資等級債、高收益債或新興市場債券等等，則視投資人的風險承受度與預期的投資報酬率來綜合考量而定。

需要提醒投資人的是，以 2016 年的情況來說，低利率環境雖然可能持續一段時間，但預期未來利率往上的機率與空間，相較利率走跌的機率與空間要高。因此若投資人擔心未來債券價格是長期呈下跌趨勢，不願意承擔資本損失，那麼有兩種做法。一是可以降低債券基金的比例，一是改以多重資產類型基金來取代。

▶ 參考市場位置調整投資組合比例

不論是選擇區域型基金或以龍頭國家來建立投資組合，投資人下一個問題一定是要怎麼分配投資資金的比例。最簡單的方法就是依平均比例來安排，例如投資 3 個市場，就把資金分成 3 等分。

當然，投資人也可以參考全球型基金或區域型基金在主要市場或國家的配置比例。這些資料，投資人可以在基金公司提供的基金月報上看到。基金月報上都會提供國家配置比例、市場配置比例，投資人每個月追蹤，也可以從國家或市場比例的增減，來了解基金經理人對市場多空的看法。

當然，勤奮一點的投資人，還可以參考本書提供的中間線位置概念，搭配市場現在的位置來進行調整，例如市場目前位置是在中間線以下，可以調高資金比例，而在中間線以上，可以調降資金比例。

▶ 主要投資市場概要

在了解「看大不看小」的挑選原則後，接下來就跟大家概要說明美國、德國、日本、中國、印度、巴西這 6 個主要國家的概況。

美國

- 2016~2017 年經濟溫和增長、物價低、資金寬鬆。
- 川普的經濟政策與共和黨國會的作為、FED 升息。

A. 經濟面

經濟成長率的年增長約維持 2.4% 上下，預期 2016 年持平，2017 年微增至 2.5%，經濟成長力道溫和。

■美國經濟成長率　單位%

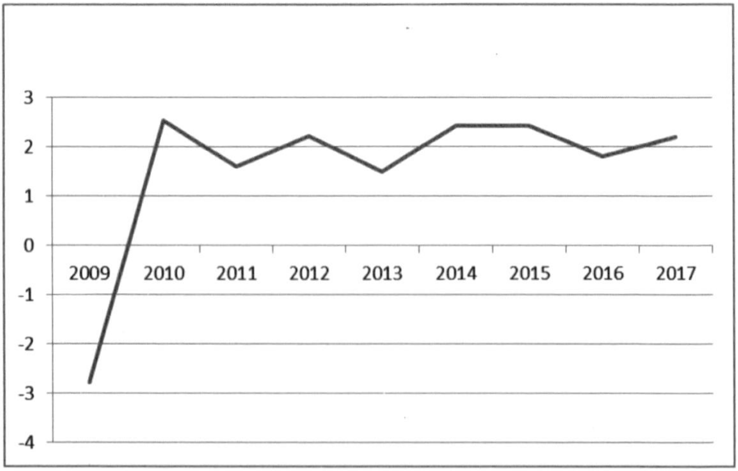

圖表資料來源 :OECD，2016 與 2017 年為預估值

消費者物價指數從 2011 年逐步下滑至 2015 年，然後反彈逐步走高，預期 2016 年增率為 0.8%，2017 年增至 1.5%，物價依然處在低水平狀態。

■美國消費者物價指數　　單位%

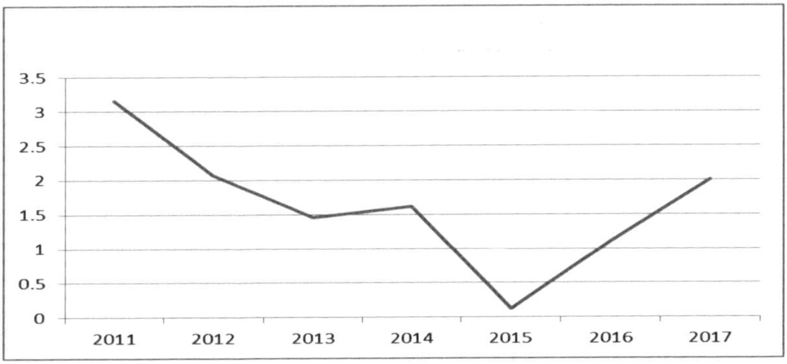

圖表資料來源 :OECD，2016 與 2017 年為預估值

B. 資金面

美國十年期公債殖利率是一個全球景氣溫度計，因美國是全球最大經濟體，一旦全球金融系統出現危機，資金會回頭擁抱流動性與安全性最強的美國公債，而且美國房貸利率、企業長期貸款利率隨美國十年期公債殖利率連動，因此十年期公債殖利率最能反應消費者資金成本的的變化。

十年期公債殖利率長期維持在低檔 1.5% 上下，2016 年 11 月起才走升至 2.5% 上下，說明股市資金依然充沛。但因 FED 開始升息，已啟動利率調升的步伐，屆時資金流動的情況將影響股債市的表現。

■美國十年期公債殖利率近 2 年走勢圖　　單位%

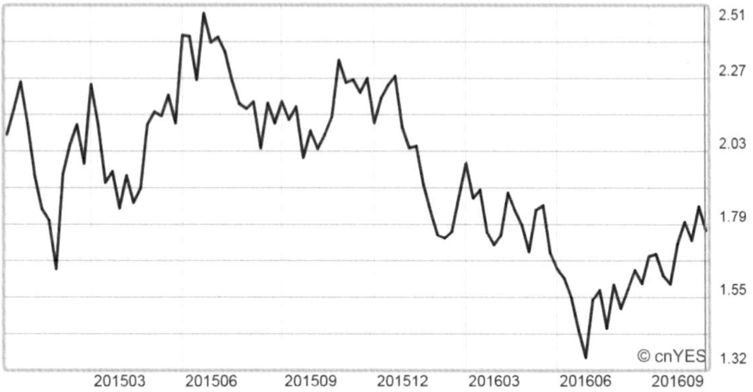

圖表資料來源：鉅亨網，資料截至 2016 年 9 月 12 日

C. 政治面

2016 年 11 月 8 日美國總統大選，共和黨參選人川普贏得勝利，於 2017 年 1 月入主白宮。由於川普是政治素人，言行不同以往的政治家，即使市場上有多位專家對川普未來政策對美國甚至全球的影響提出看法，但實際上的可能影響，依然充滿很大的變數。基本上，多數人擔心川普入主白宮，將不利於美國經濟、政治的發展，例如經濟學人曾預言，川普若當選，很可能會讓美國拋棄一向

堅持的自由貿易和外交政策，退回到孤立主義，仇外心理和經濟民粹主義，將重新掀起全球一波的貿易保護主義。

到底美國股市在川普正式入主白宮後的走勢將會有何反應，深受投資人關注，因此被視為 2017 年美國股市重大的影響變數之一。

D. 股市位置與特性

- 2016 年指數位置在 5 年中間線位置以上，建議投資人的積極心態應該收斂，轉向審慎或保守。

- 2014 年以來，美股平均波段漲跌幅為 10~20%，單筆投資人可以將手中資金分成 5~10 份，只要美股重挫 10% 以上時，進場買進，以此類推，或等股市出現金融海嘯般的重挫時，再一次單筆或分批進場。波段漲幅達 15% 以上，可考慮先獲利出場。

- 定時（不）定額投資人隨時可進場，但要有心理準備，顯著的獲利空間可能需要較長時間的等待，才有機會看到。

■ 美國道瓊工業指數 5 年走勢圖

圖表資料來源：鉅亨網

德國

- 2016~2017 年經濟穩定、物價低、資金充沛。

- 地緣政治風險升溫，干擾政治穩定性。

A. 經濟面

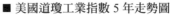

GDP 成長率於 2014 年站上 1%，之後表現相對穩定，預期 2016~2017 持平、穩定在 1.5%~1.7%。德國經濟部表示，經濟維持在穩定成長軌道。

■ 德國經濟成長率 單位%

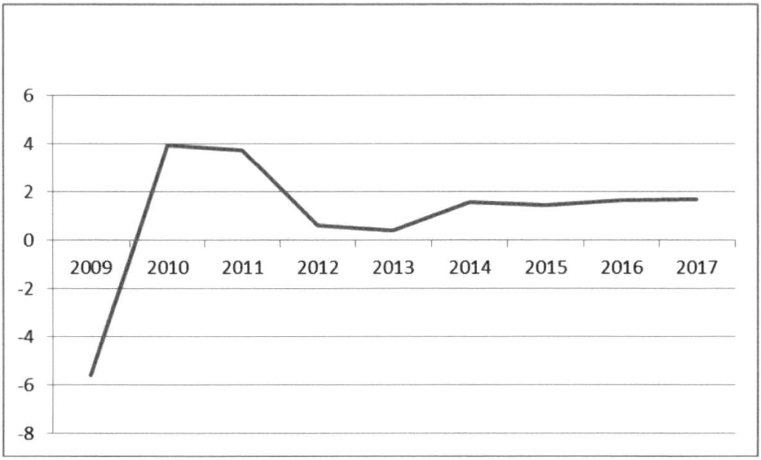

圖表資料來源：OECD，2016 與 2017 年為預估值

消費者物價指數從 2014 年跌落 1% 以下，並持續往下，2015 為 0.1%，預期 2016 為 0.5%，市場擔心通縮陰霾再度籠罩，惟 2017 年預期可增至 1.4%。

■ 德國消費者物價指數 單位%

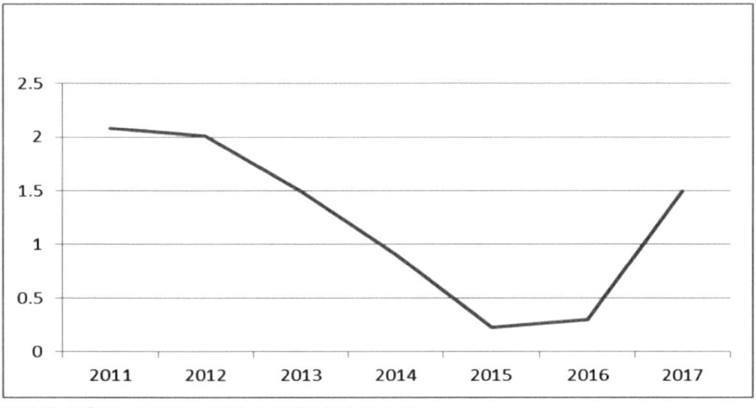

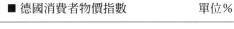

圖表資料來源 :OECD，2016 與 2017 年為預估值

B. 資金面

2016 年 7 月 13 日，德國首度標售殖利率轉負的十年期公債，得標殖利率為負 0.05%、也是首度在標售時殖利率就轉負，是歐元區國家中第一個拿下負利率的國家。

德國是歐洲國家中經濟體質、政治情況皆相對穩定的國家，但受到歐洲央行於 2015 年 1 月起陸續實施兩波量化寬鬆政策，導至歐洲央行的基本利率成為負利率，再加上歐洲整體環境多呈經濟疲弱、通貨緊縮、地緣政治風險又升溫的情況下，優質的德國公債成為避險投資人的搶手貨。

德國經濟研究機構 IWH 研究顯示，投資人為了資金安全而購買德國債券，希臘債務危機反倒幫助德國政府節省了大約一千億歐元的借款成本，而德國央行的研究則顯示，在平均報酬率僅有 1~2% 的假設下，85 家德國壽險公司當中有 32 家可能會在 2023 年以前宣告破產。因此低利率環境下，資金雖然充沛，但可能引發的後續金融危機，則值得投資人持續關注。

■ 德國十年期公債殖利率近2年走勢圖　　單位%

圖表資料來源：鉅亨網 資料截至2016年9月12日

C. 政治面

2016年3月13日3個州舉行議會選舉，總理梅克爾領導的基民盟（CDU）嚴重受挫，顯示梅克爾的難民政策，使她面臨掌權以來最嚴重挑戰，加上身為歐洲最大經濟體，有義務協助解決歐盟國家疲弱的經濟，這考驗著德國總理及其政治情況，而即將於2017年9月舉行的德國大選，可能讓情況變得更加複雜。

D. 股市位置與特性

- 目前指數位置在5年中間線位置以上，建議投資人的積極心態轉為審慎。

- 因 2014 年以來，德股波段漲跌幅度約為 15~25%，單筆投資人可將手中資金分成 5~10 份，當德股重挫 20% 以上時，進場買進，以此類推，或等股市出現金融海嘯般的重挫時，再一次單筆或分批進場；波段漲幅達 20% 以上可先獲利出場。

- 定時（不）定額投資人隨時可進場，但要有心理準備，顯著的獲利空間可能需要較長時間的等待，才有機會看到。

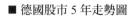

■ 德國股市 5 年走勢圖

圖表資料來源：鉅亨網

日本

- 2016~2017 年經濟難見增長、物價低、資金充沛。

- 首相安倍執政權力穩固，政治情勢相對穩定。

A. 經濟面

經濟成長率於 2014 年跌至 0，隨後在 0 上下來回，預期在個人消費疲弱、企業業績普遍不佳的情況下，疲弱的經濟難有改善，2016 與 2017 仍在 0.5% 以下。

■ 日本經濟成長率 單位%

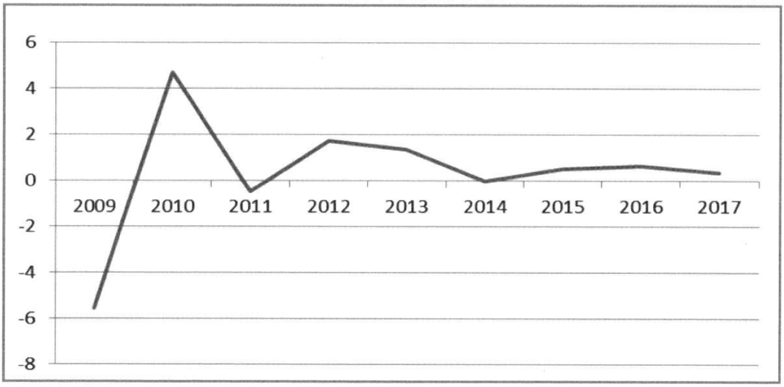

圖表資料來源 :OECD，2016 與 2017 年為預估值

■ 日本消費者物價指數 單位%

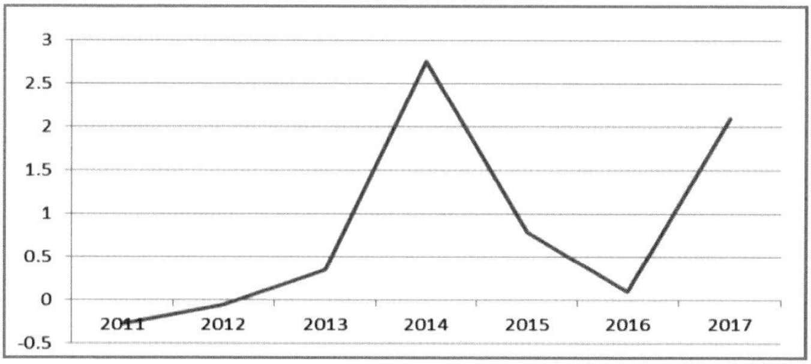

圖表資料來源 :OECD，2016 與 2017 年為預估值

消費稅由 5% 拉高至 8% 讓消費者物價指數於 2014 年出現異常，達到 2.7% 高點，隨後再度落於 1% 以下，預期 2016 年約為 0.3%，2017 年或有機會達到 2%。

B. 資金面

2016 年 1 月日本央行（BOJ）總裁黑田東彥誓言要達到 2% 通貨膨脹的目標，宣布將導入負利率政策（NIRP），日本因此進入負利率時代。

負利率環境下，民間銀行如果把錢放到中央銀行，得要反過來支付費用，因此會積極貸放給企業或民眾，而民眾會有錯覺，以為變有錢而願意消費，市場資金充裕且民眾願意消費，都將有利於經濟走向增長軌道。

然而，日本十年期公債殖利率自 2016 年 7 月底創下空前新低 -0.291% 後，卻出現強勁反彈，一度殖利率為正，十年期以上長債投資人最大季虧損幅度約達 5.9%，引爆拋售潮，後續日本央行將會準備採取何種貨幣政策，是否會引動其它國家長期債券的利率變化，也牽動著資金流向，投資人不可不留意。

■ 日本十年期公債殖利率近 2 年走勢圖　　單位%

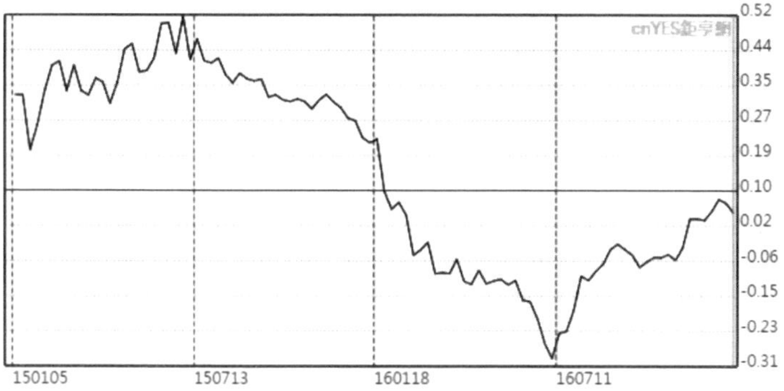

圖表資料來源：鉅亨網

C. 政治面

日本首相安倍晉三所屬自民黨領導的執政聯盟於 2016 年 7 月 10 日在參議院贏得了多數席位，佔有三分之二的大多數。執政聯盟更穩固地掌握權力意味著首相安倍更容易透過擴大後的財政刺激政策來振興日本經濟，政治情勢相對穩定。

D. 股市位置與特性

- 目前指數位置在 5 年中間線以上，因日本政府積極做多，投資人短多操作可，但中長線則心態應轉向審慎

- 2014 年以來日股波段漲跌幅約 15~20%，單筆投資人可以將手

中資金分成 5~10 份，只要日股重挫 15% 以上時，進場買進，以此類推，或等股市出現金融海嘯般重挫，再一次單筆或分批進場；而當日股漲幅達 10% 以上，短線者可考慮先獲利出場一次。

- 定時（不）定額投資人隨時可進場，但要有心理準備，顯著的獲利空間可能需要較長時間的等待，才有機會看到。

■ 日本股市 5 年走勢圖

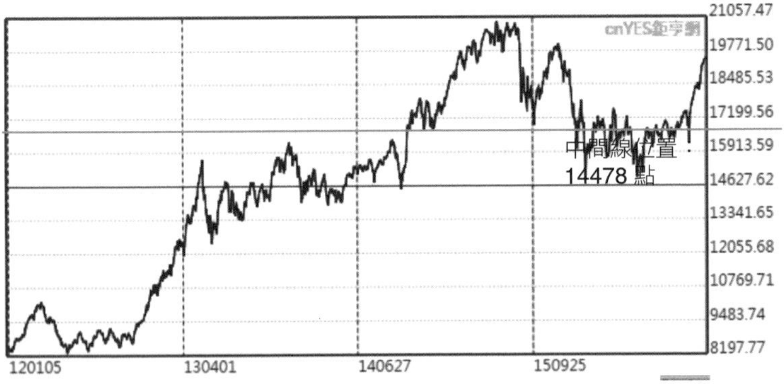

圖表資料來源：鉅亨網

中國

- 2016~2017 年 經濟增長力道因轉型而轉弱、物價低、資金充沛。

- 中共總書記習近平已完成一波整肅，政治情勢相對穩定。

A. 經濟面

經濟成長率於 2012 年跌至 8% 以下，隨後約在 7.3~7.7% 之間，因中國致力經濟轉型，增長力度持續轉弱，預期 2016、2017 分別為 6.5%、6.2%。

■ 中國大陸經濟成長率 單位%

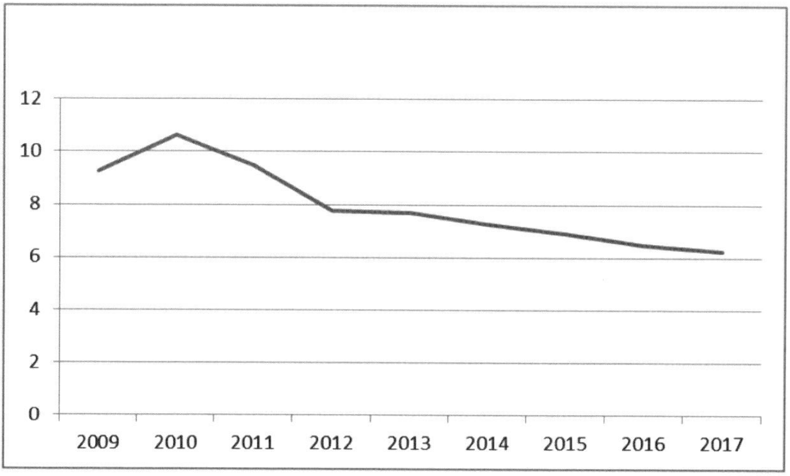

圖表資料來源 :OECD，2016 與 2017 年為預估值

消費者物價指數於 2012 至今，多在 2% 上下，雖有房價上漲推升通脹預期，因內需疲弱及原物料商品價格難有大幅反彈，預期 2016 為 2.6%、2017 微增至 3%。

■ 中國大陸消費者物價指數　　單位%

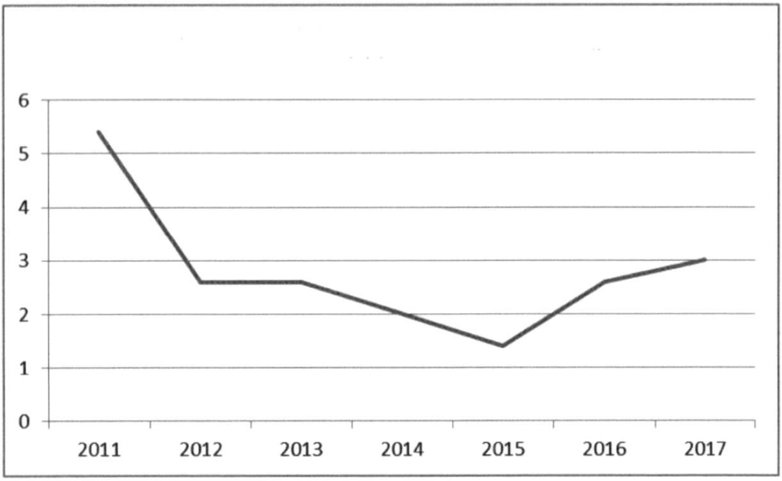

圖表資料來源：OECD，2016 與 2017 年為預估值

B. 資金面

中國十年期公債殖利率約在 2.7% 上下（截至 2016 年 9 月），中信證券首席經濟學家彭文生於 2016 年 7 月 9 日曾表示，受到人口、貧富差距和年輕的勞動力減少導致實體經濟投資需求下降的影響，中國低利率水平持續幾十年的下行的可能性還是有的。

另外，2016年10月人民幣正式納入國際貨幣組織（IMF）的特別提款權（SDR），人民幣的走勢將成為市場關注重點，尤其人民幣並未如預期升值，反而呈貶值走勢。

■ 中國十年期公債殖利率近2年走勢圖

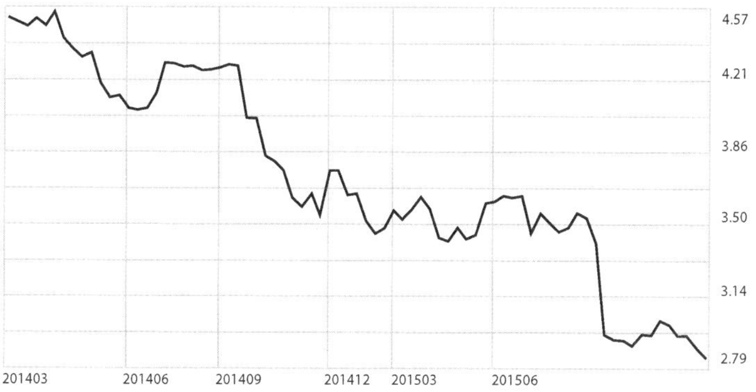

圖表資料來源：鉅亨網、作者整理

C. 政治面

2012年中共總書記習近平上台、發動一系列反腐與黨內鬥爭。至今，相關混亂已漸平息，政治情況相對平穩。然而，資本主義市場經濟的發展改變了中國的社會結構，形成了新的社會矛盾和利益衝突，是否對政治穩定有所干擾，尚待觀察。

D. 股市位置與特性

- 2016年指數位置仍在5年中間線位置以下，股市評價處於全球金融海嘯時谷底位置，而且2016年初至9月，相對其它主要國家股市，中國股市尚未有一波漲勢。

- 因市場對人民幣納入國際貨幣組織（IMF）的特別提款權（SDR），人民幣升值將有利中國股市走出一波行情的預期落空，而且中國經濟結構調整可能需一段較長時間，投資人應以中長線心態投資，態度偏積極。

- 中國股市波段漲跌幅原本約為20~30%，但2016年至今約在10%上下，建議單筆投資人可以將手中資金分成5份，分批進場，保守型投資人或可每當股市下跌10%時，分批進場買進；而當股市上漲至中間線以上，或漲幅達25%以上，可考慮分批獲利出場。

- 定時（不）定額投資人隨時可進場，短期若見股市上漲至中間線以上，或漲幅達25%以上，可考慮分批獲利出場。中長期則考慮經濟改革需要時間，顯著的獲利空間可能需要較長時間的等待，才有機會看到。

■ 中國上證綜合指數 5 年走勢圖

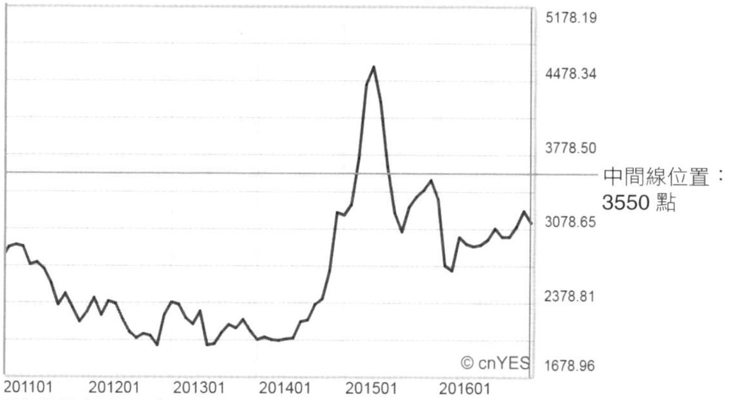

圖表資料來源：鉅亨網

印度

- 2016~2017 年經濟表現佳、物價偏高、資金充沛。
- 總理莫迪政敵雖不少，但朝野就重大法案合作，積極推動改革，政治情勢並非投資人擔心的主要問題。

A. 經濟面

經濟成長率於 2012 年恢復成長動能，2016 年第一季成長率達 7.9%，超越中國，然而第二季經濟成長率雖然依舊超越中國，但增幅卻創下 5 個季度的新低，且不如市場預期，引發憂慮。不過，印度官方樂觀預期基礎建設支出、外資流入等帶動下，經濟成長率將持續表現佳，預期 2016 與 2017 分別為 7.4%，7.5%

■ 印度經濟成長率　　單位％

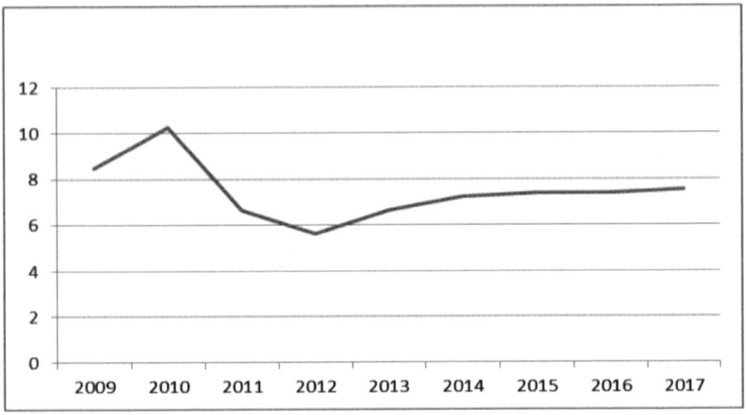

圖表資料來源 :OECD，2016 與 2017 年為預估值

消費者物價指數由 2012~2013 年的 9~10% 壓低至 2015 年的 5.87%，因全球通膨逐漸下滑、農村薪資減少、成長趨緩等因素。2016 年來通膨蠢蠢欲動，上半年彈升至 5.77%，接近央行預設的 2~6% 區間上緣，預期 2016 年約為 5.3%、2017 年 4.6%。

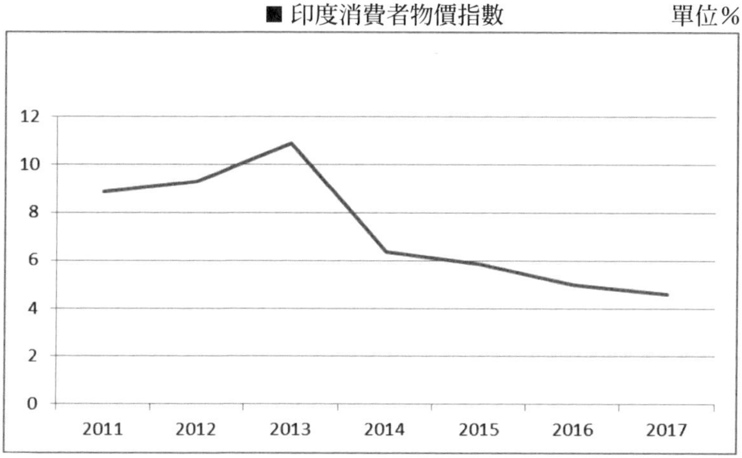

圖表資料來源 :OECD，2016 與 2017 年為預估值

B. 資金面

因物價放緩，印度央行（RBI）於 2016 年 4 月 5 日調降基準利率 1 碼至 6.5%，逾 5 年來最低，也是自去年 9 月以來首度降息。

不過印度央行總裁拉加恩於 2016 年 9 月任期屆滿，由印度央行副總裁帕特爾接任，他被視為是政策立場較為強硬的央行總裁，加上印度 7 月消費者物價指數升至 6.07%，超出央行所設定的 5% 短期目標，印度央行再調降利率的機率變低。

印度的資金利多並非以官方的調降利率或實施寬鬆貨幣、財政政策為主，而是來自外資的資金流入。2016 年來外國資金持續流入印度市場，尤其自 7 月以後更大舉流入印度股市，僅有兩個交易日為淨流出，且從 7 月 8 日至 8 月 2 日已連續 18 個交易日買超印度股市，創下 2014 年 4 月以來最長連續買超紀錄；若拉長全年來看，2016 年初至 8 月初淨流入 47.80 億美元，稱霸東南亞市場。

此外，MSCI 2016 年 8 月 12 日宣布季度調整，印度在「MSCI 全球新興市場指數」權重由 8.41% 調升至 8.70%，增加 0.29%，在「MSCI 亞洲除日本指數」權重由 9.89% 調升至 10.22%，增加 0.33%，為本次權重調高幅度最大的國家，此舉將有助於印度繼續吸引外資流入。

■ 印度央行附買回利率　　單位%

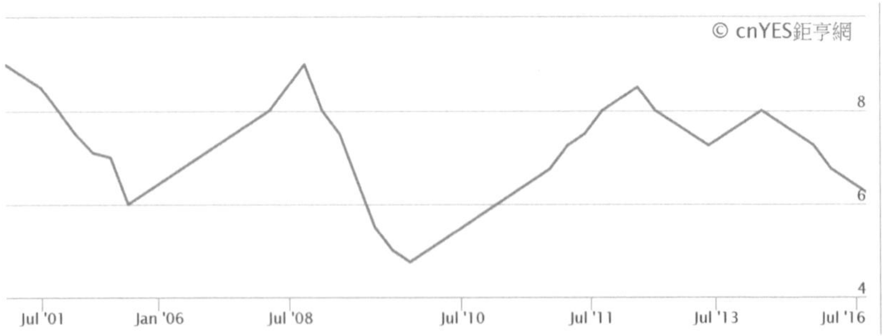

圖表資料來源：鉅亨網

■ 印度十年期公債殖利率近 2 年走勢圖 單位%

圖表資料來源：鉅亨網

C．政治面

納倫德拉•莫迪於 2014 年 5 月 26 日當選印度總理。莫迪推出「印度製造」（Make in India）的政策，鬆綁投資限制，使 2015 年印度的外來直接投資高達 449 億美元。印度製造首要目標為促進經濟成長，短期方向為重啟停頓的工程計畫，並透過降低企業稅負、簡化行政程序，打造更友善的經商環境。此外，放寬中小企業融資限制，便利企業在地經營，提升製造業實力。

2016 年初，莫迪再度宣布啟動「印度創業，印度崛起」（Start

Up India，Stand up India）的計畫，且將創立 1000 億盧比基金（15 億美元），鼓勵民眾創業，創造就業機會，也吸引創投資金。

此外，雖然在印度上議院當中，有許多都是莫迪的政敵，阻擋了許多改革方案的進行，但仍於重要法案中與總理莫迪的印度人民黨合作。例如印度國會於 2016 年 8 月 3 日通過歷史性的稅制改革法案「統一全國的商品及服務稅 」（GST），統合了印度聯邦和各自為政的各地方課稅制度，成為單一稅制。此舉類似歐盟成員撤除關稅，便利商品流通。分析師預期，這項結構性變革有利印度中期經濟，稅制改革預期可以讓印度的經濟成長率增加 2%。

D. 股市位置與特性

- 2016 年指數位置在 5 年中間線位置以上，且因接近歷史高點 3 萬點，即使印度政府積極做多，經濟基本面、資金面利多可期，短多積極操作風險依然高，中長線心態需視印度未來經濟成長與資金情況再評估。

- 印度股市波動幅度大，平均波段漲幅約在 10~15%，單筆投資人可以將手中資金分成 5~10 份，當股市重挫 10% 以上時，進場買進，以此類推，或等股市出現金融海嘯般重挫，再一次單筆或分批進場；而當股市漲幅達 15%，短線者可考慮先獲利出場一次。

- 定時（不）定額投資人隨時可進場，但要有心理準備，因為股市位置已遠遠偏離中間線位置，顯著的獲利空間可能需要較長時間的等待，才有機會看到。

■ 印度股市 5 年走勢圖

圖表資料來源：鉅亨網

巴西

- 2016~2017 年經濟持續衰退、物價高漲、資金情況不明朗。

- 總統羅賽芙下台，繼任者泰梅爾面臨著艱鉅的政經考驗。

A. 經濟面

經濟成長率 2 年來持續下滑並由正轉負，因巴西失業率大增 11%，投資支出與消費需求均疲弱，僅靠政府支出與貨幣貶值帶動出口支撐，2016 年第 2 季經濟成長率比第 1 季下滑 0.6%，是連續第 6 季萎縮；儘管投資稍有復甦跡象，經濟仍處於數 10 年來最嚴重的衰退深淵，預期 2016 為 -4.33%、2017 約 -1.72%。

■ 巴西經濟成長率　　單位%

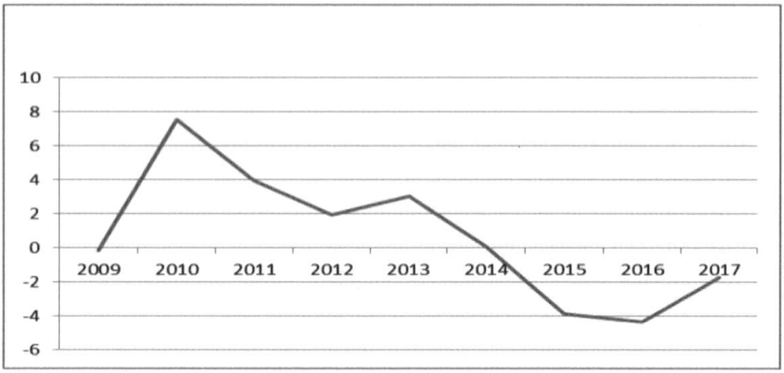

圖表資料來源 :OECD，2016 與 2017 年為預估值

消費者物價指數持續走高，且於 2015 年起至今皆在央行的通膨上限 6.5% 之上，通貨膨脹嚴重的情況，短期難見改善，預期 2016 仍高達 9.2%，2007 則預估約 5.7%。

■ 巴西消費者物價指數 單位%

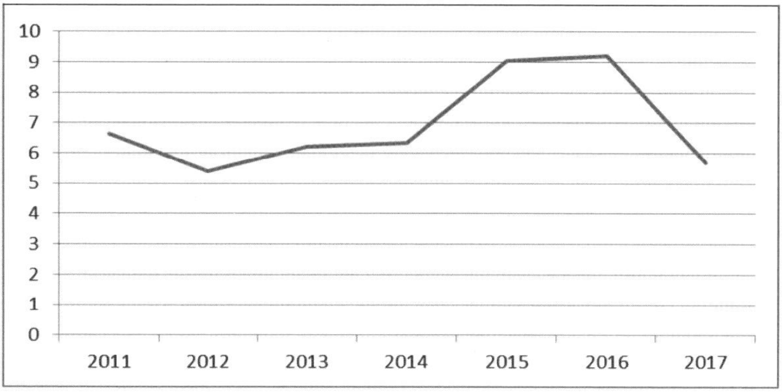

圖表資料來源 :OECD，2016 與 2017 年為預估值

B. 資金面

2016 年 8 月 31 日巴西央行決定將基準利率維持在 10 年高檔 14.25%，連續 9 次維持不變。主要是因為巴西的經濟已經深陷衰退，而且通貨膨脹高漲，加上巴西總統羅賽芙 8 月 31 日遭彈劾下台，擔心後續的政治動盪。

在全球低利率甚至負利率的環境下，巴西十年期公債的的高殖利率，突顯市場對巴西公債的債信品質的疑慮，但也因為超過 15% 的殖利率甚具吸引力，吸引了願意冒險的積極資金，已經連續 4 年資金淨流出的拉丁美洲，2016 年至 7 月 20 日首見資金淨流入約 2.6 億美元。

■ 巴西利率走勢　　　　單位%

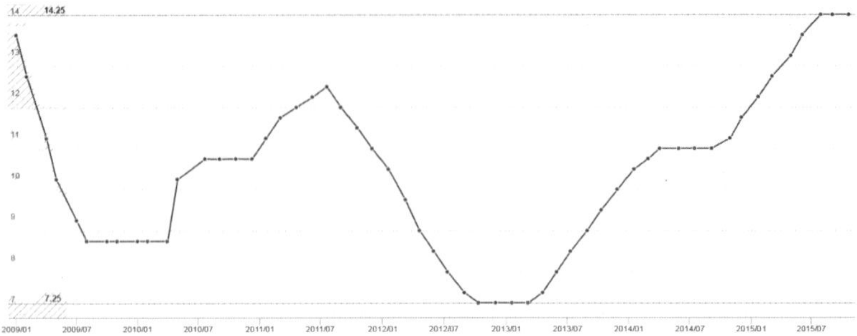

圖表資料來源：巴西央行

■ 巴西十年期公債近 2 年走勢圖　　　　單位%

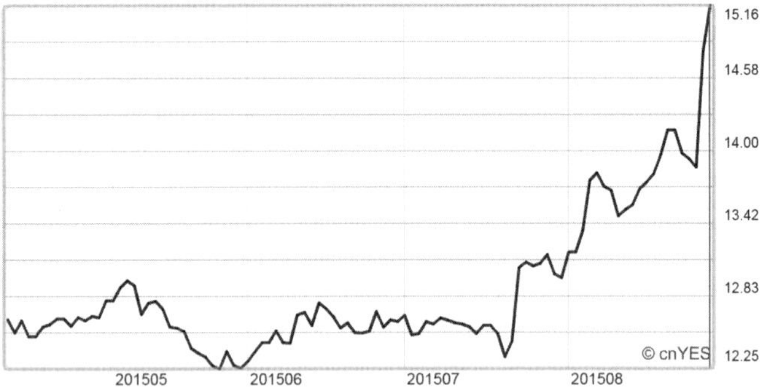

圖表資料來源：鉅亨網

C. 政治面

2016 年 5 月初，總統羅賽芙被停權，等待審判，巴西代理總統泰梅爾於 5 月 12 日接任大位，新政府上路不到兩週，5 月 23 日就爆發經濟改革的重要大將、企劃部長久卡醜聞，久卡被迫請辭，重創巴西金融市場。2016 年 8 月 31 日羅賽芙下台，繼任者泰梅爾面臨著艱鉅的政經考驗。

D. 股市位置與特性

- 2016年指數位置在5年中間線位置以上，離歷史高點68000餘點仍有空間。因巴西政經面疲弱，短多積極操作風險依然高。建議心態偏審慎。

- 巴西股市波動大，漲跌速度快，單筆投資人可以將手中資金分成5~10份，當要股市重挫20%以上時，進場買進，以此類推，或等股市出現金融海嘯般重挫，再一次單筆或分批進場；而當股市漲幅達25%，短線者可考慮先獲利出場一次。

- 定時（不）定額投資人隨時可進場，但要有心理準備，顯著的獲利空間可能需要較長時間的等待，才有機會看到。

■ 巴西股市5年走勢圖

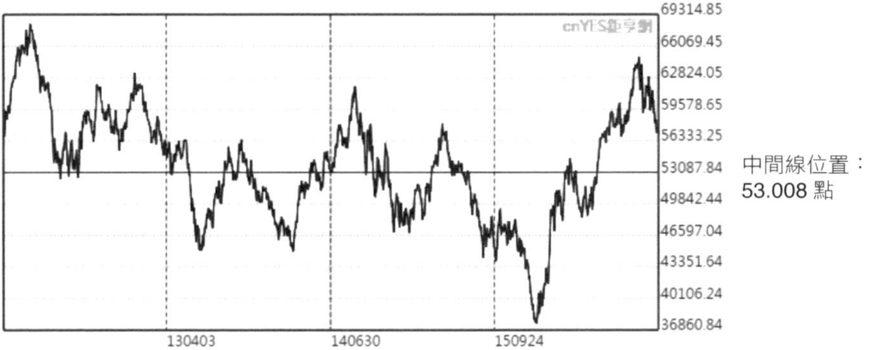

圖表資料來源：鉅亨網

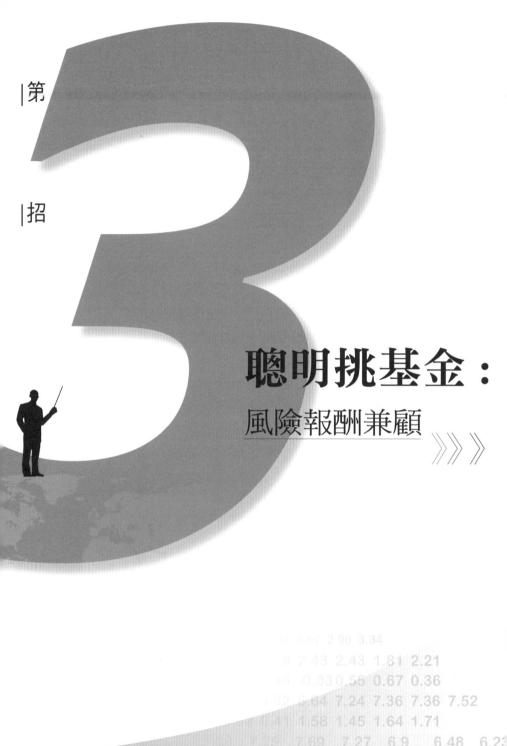

第3招

聰明挑基金：

風險報酬兼顧

在台灣可以合法投資的基金高達上千支，種類也不少，顯示基金商品已是民眾主要的投資理財工具之一，民眾投資需求非常多元化。

民眾選擇基金做為理財工具之一，是因為基金可以解決民眾想要累積財富所遇到的兩大難題：資金有限以及時間與專業不足。舉例來說，假設投資人有新台幣 10 萬元想投資，買不起一張股王大立光，但如果集合一萬人各募集 10 萬元，就有 10 億元的資金，不僅能買好多張大立光，也能在投資台灣股市外，也同時投資海外各地的股票。

而不論是投資台灣股市或海外市場，投資前的研究，投資之後的追蹤、觀察都需要時間與相關專業，對有一份正職的民眾，都是很大的負擔，甚至能力無法負荷的情況。

投資基金，交付專業資產管理機構負責基金投資，即使只投資了 10 萬元，但透過專業經理人的操作，也能分享多檔國內外績優股的成長，還能經由分散基金投資標的，降低投資風險，來達到累積財富的目標。

▶ 基金上千檔，分類標準多

只是，基金種類繁多，可依據所投資的地區、產業類型、投資標的等來分類，而且光國內可以合法投資的基金就多達上千檔。投資人挑選基金之前，需要對市場上基金的種類有基本的了解，才不會買錯。基金分類的標準概要說明如下：

1. 以投資標的區分是傳統的分類方式，也是投資人最熟悉的種類，包括股票型基金、債券型基金、平衡型基金、類股型基金、貨幣型基金與組合型基金等，在這些大類型之下，還有子類型，如表所示。

共同基金分類

類型	投資標的	子類型
股票型基金	以股票市場為投資標的	大型股、小型股、成長股、價值股
債券型基金	以債券市場為投資標的	公債、公司債、投資等級債、高收益債
平衡型基金	以一定的比例同時投資股票市場與債券市場	—
類股型基金	以投資特定產業的股票為主	科技產業、能源產業、生技、黃金及礦業
貨幣型基金	以銀行存款、短期債券與回購協定、國庫券、商業票據、政府短期債券、企業債券等短期有價證券為標的	—
組合基金	以基金為投資標的	—

圖表資料來源：作者整理

2. 以投資區域來劃分則是另一種常見的分類方式，包括如下：

❶ 全球型基金：將資金投資範圍遍及全球，以全球金融市場較為發達的地區為投資對象，投資標的較為分散且風險較低。

❷ 區域型基金：以特定區域內的證券為投資標的，比較常見的區域型基金有北美地區、拉丁美洲地區、歐洲地區、亞太地區或是新興市場等，而新興市場概念下，又有亞洲新興市場基金、東協基金、或是東歐基金等。它能夠分散投資於單一國家所需承擔的政治、經濟等系統風險。

❸ 單一國家基金係指以個別國家的證券為對象投資，例如台灣股票型基金、印尼股票型基金等。

❹ 以計價幣別區分，包括台幣、美元、歐元、澳幣、人民幣、日圓、南非幣、紐幣、港幣等。都是因應投資人希望賺取外匯收益或持有外幣資產的需求而產生的。

❺ 以是否配息區分，包括累積（不配息）、月配息、季配息、半年配、年配共 5 種。

❻ 以是否避險區分，有避險（對沖）基金、不避險基金兩種。

▶ 不同時空，有不同「夯」的基金

在眾多基金種類中，曾經在台灣流行過、或者依然很夯的基金，有多重收益基金、高收益債券基金、配息基金、澳幣對沖或美元對沖基金、指數型基金（ETF）、保本基金、生技基金、黃金基金、能源基金、組合基金等。這些基金能受投資人追捧，都有特定的時空環境因素，由基金公司依照投資人需求而推出的商品。

多重收益基金

同時投資股票、債券，甚至ETF、可轉債、不動產投資信託（REITs）等產品的基金，可以視為平衡型基金的演化版，所以是屬於「股債混合」的資產類別。此種基金強調基金公司在不同景氣階段時期，投資當期最有潛力的產品，如：房地產、原物料等，比傳統的平衡型基金（股+債基金）增加了其它獲利機會。因為投資種類多元，在經濟景氣復甦不明朗時期，表現相對出色，也是近5年至今依然很火紅的產品。

高收益債券基金

所謂「高收益債券」係指經標準普爾、穆迪、惠譽、中華信用評等機構，評定其債券發行評等未達BBB或Baa3等級，或未經信用評等機構評等之債券；也就是信用等級較低、違約可能性與收益率較高的債券，一般稱為「高收益債」或「非投資等級債」或「垃圾債券」。

投資於高收益債券之共同基金，透過基金分散投資於多支高收益債券，以達到分散單一債券投資的風險。高收益債券基金的波動性有時並不小於股票型基金，因此，這類基金名稱後面都需法令依規定加上「本基金有相當比重投資於非投資等級之高風險債券」的提醒。

配息基金

共同基金持有的標的有些會提供股息或債息，配息型基金就將這些收益固定配發給基金的受益人，收益分配的來源除了股息或債息，有時還會加上經理人處分投資標的所取得的資本利得，或者是來自於投資人所投資的本金。所以根據法令規定，這類基金名稱的後面都會加上「配息來源可能為本金」的提醒。

配息基金有年配息基金、半年配基金、季配息基金、月配息基金等。目前最受台灣投資人歡迎的是月配息基金。月配息基金就是每月派發利息至客戶指定的收息帳戶之中。

外幣避險基金（澳幣對沖、美元對沖）

澳幣對沖又稱澳幣避險，美元對沖又稱美元避險，有些基金名稱後面會有這幾個字。這類基金約於 2012 年時相當流行，主要原因是當時澳幣、美元這些熱門外幣商品，價格波動大，投資人希望能避免匯兌損失的產生。

因為台灣民眾多以台幣申購，若是申購以美元、澳幣、歐元等計價的海外基金，匯率的賺賠每天會反映在淨值上，而當申購與買回時，若匯率波動太大，很可能因要承擔匯率風險，由獲利變成虧損或由虧損轉為獲利。

其實，只要買的是海外市場都有匯率風險，要避開匯損，只能靠基金經理人幫投資人避險，此時基金經理人與團隊的功力就是重點。

ETF

ETF 的英文全稱是 Exchange Traded Funds，它在中國大陸被稱為交易所交易基金，在香港被稱為交易所買賣基金，在臺灣被稱為指數股票型基金。

基金公司把構成某個指數的各個成分股，按照在該指數中的組成比例一一買來，匯合到一起形成基金，然後再分成許多小基金單位，拿到股票市場上賣，就成了可以自由買賣的 ETF 基金。所以，ETF 是一種追蹤市場指數，在交易所自由買賣的開放式股票基金。投資者買一支 ETF 相當於建立了包含這個指數裏所有成分份股的投資組合，例如台灣投資人最熟悉的元大台灣卓越 50 證券投資信託基金（0050），就是讓投資人一次買進台灣股市市值最大的 50 家上市公司，用小錢投資 50 檔績優藍籌股。

在台灣，ETF依據組成的做法，可以分成現貨ETF與合成ETF兩種。台灣證券交易所定義如下：

（1）現貨ETF是指基金淨資產價值之百分之八十或以上之價值，直接投資於標的指數之成分證券現貨，以追蹤指數表現的ETF，有完全複製（買齊所有成分證券）及代表性樣本複製（買進部分有代表性之樣本成分證券）兩種。以元大台灣卓越50證券投資信託基金（0050）為代表。

（2）合成ETF是指不直接投資於指數成分證券現貨，而是運用衍生性金融工具，如：期貨、選擇權、交換契約（Swap Agreement）等作為追蹤工具，以複製或模擬指數報酬之ETF。由於衍生性金融工具多為店頭商品，故可能暴露於交易對手風險、流動性及評價風險中。

合成ETF中，有兩種ETF深受市場關注，一為槓桿型的ETF，一為反向型ETF。槓桿型ETF是每日追蹤標的指數收益正向倍數的ETF，例如槓桿數為2倍時，標的指數上漲1%，2倍槓桿ETF上漲2%；標的指數下跌1%，2倍槓桿型ETF則下跌2%。目前富邦中國ETF傘型證券投資信託基金之富邦上證180單日正向2倍證券投資信託基金（簡稱上證2X，代號00633L），就是其中一檔熱門商品。

反向型 ETF 是每日追蹤標的指數報酬反向的 ETF，例如反向倍數為 1 倍時，標的指數上漲 1%，反向型 ETF 下跌 1%；而當標的指數下跌 1% 時，反向型 ETF 則上漲 1%。以元大 ETF 傘型證券投資信託基金之台灣 50 反向 1 倍證券投資信託基金（簡稱 T50 反 1，代號 00632R）為熱門標的之一。

台灣證券交易所表示，槓桿型及反向型 ETF 的操作，是運用期貨以達槓桿及反向倍數報酬，期現貨之正逆價差及基金經理人之操作能力，均可能影響 ETF 之追蹤誤差。

同時，槓桿型及反向型 ETF 因每日均需動態調整，所衍生之交易費用會侵蝕 ETF 獲利，盤中預估淨值與盤後揭露之實際淨值，差距可能會較傳統型態 ETF 高。因此，追求正向倍數或反向倍數報酬率，僅限於單日，每日複利計算下，長期報酬率會偏離一般標的指數之正向倍數或反向倍數表現，較適合短期交易及持續關注與管理投資組合績效之投資人，並不適合長期持有。

市場上，基金有的種類，ETF 大部分也都有，所以 ETF 的數量也非常多。當投資人看好一個標的市場時，可以依個人的偏好，選擇基金或 ETF。只是投資人需要了解，基金與 ETF 的買賣方式、收費標準等並不一樣，如下表所示。

ETF 與共同基金的比較

	ETF	共同基金
交易與價格	股市交易時段內隨時進行	以每天標的市場收盤後的資產淨值來定價與交易
交易管道	證券經紀商	銀行、基金公司、證券經紀商
可否放空	可以	不可以
交易費用	買：有 賣：有 轉換：無 管理費：有，較低	買：有 賣：無 轉換：有 管理費：有，較高

資料來源：富邦投信、元大投信

保本基金

在一定投資期限內，對投資人所投資的本金提供一定比例（80～100%）保證的基金。投資人在投資期限到期，根據基金的投資結果，至少可以取回一定比例的本金，而本金未獲得保證的部分（指保本幅度低於100%的基金）和收益仍有一定的風險。

此外，還有其它兩種風險，一是目前核准的保本型基金都是外幣計價，保本率是依照原幣計算，如果基金期滿時計價的幣別下跌，則換回台幣可能就會面臨匯兌損失；一是投資人在存續期滿之前贖回基金，贖回淨值不保證高於基金保本比率或發行價格，而且投資人還需要支付贖回費用。因此投資這類商品時，必須注意贖回手續費的比例與相關贖回條件契約。

以國泰紐幣八年保本信託基金為例，投資 8 年可有 133.5% 的保本比例，亦即投資 100 元，8 年後拿回 133 元，相當於每年獲利 4.187%，此時投資人可以查目前銀行提供的紐幣一年定存利率是多少，來了解是不是符合自己的期待。

畢竟資金要被鎖住 8 年，而且一旦提前贖回，買回淨值不保證高於保本率或發行價格，還得另外支付手續費。

國泰紐幣八年期保本證券投資信託基金

簡式公開說明書

（保護型保本基金；保本比率為本金之133.5%，但投資人於基金到期日前提出買回申請，到期前之買回淨值不保證會高於基金保本率或發行價格）

投資於瑞士銀行台北分行之定期存款與避險交易，以確保基金8年到期可達133.5%的保本比率。
透過衍生性商品（富時中國A50指數期貨）的操作，以達成參與率乘以連結標的表現之報酬。

基金基本資料

經理人	廖維苡
成立時間	2013/10/24
基金型態	保護型保本基金
基金規模 2016/7/31	NZD 6,051萬
基金淨值 2016/7/31	NZD 11.7361
Bloomberg Ticker	CATNZ8G TT Equity
經理費	0.45%（年）
保管費	0.05%（年）
保管銀行	中國信託商業銀行
投資標的	主要投資於固定收益商品及衍生性金融商品（新加坡交易所(SGX)掛牌之富時中國A50指數期貨）。

投資組合

資產類型	持有比率
定存配置	99.36%
期貨配置	0.45%
活存及其他	0.19%
總計	100%

成立以來基金淨值走勢

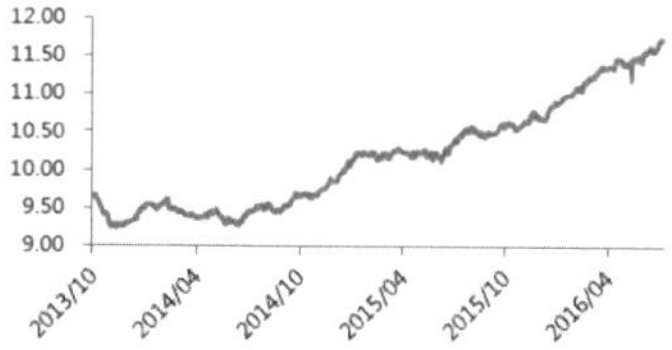

資料來源：國泰投信

生技基金

以生技產業有價證券等為投資標的。2012 年起，生技基金走了一大波段的多頭行情，生技基金成為當紅炸子雞，直到 2015 年生技指數自高點回檔，投資熱潮才逐漸消退。

生技是一個循環的產業，2012~2014 年是它的一波榮景，此次生技指數從高點下來後，會不會像過去等很久，才又再起？生技產業景氣循環會不會因為科技進步而縮短？我們很難預測。但可以確認的是，生技基金是產業基金的一種，基金經理人被侷限只能投資該產業，選擇受限。

目前生技指數在 5 年中間線位置以上，建議投資心態與資金配置偏審慎，而且投資人要有心理準備，顯著獲利可能需要較長時間才有機會看到。

■ 生技指數 NBI 10 年走勢圖

圖表資料來源：鉅亨網

黃金（礦業）基金

此類基金主要投資於從事生產基本金屬及工業用礦物（例如鐵礦及煤）的礦業及金屬公司之股權證券。

黃金價格曾盤整 20 年，約於 2001 年起金價才開始明顯走揚，並有長達 8 年的榮景。再從金蟲指數走勢來看，2008 年金融海嘯引爆恐慌，全球經濟疲軟、低利率，以及美國實施量化寬鬆政策等，成為金價噴高的推動力，2009 年 ~2011 年中，黃金（礦業）基金成為明星商品。

然而，隨著金價漲多以及擔憂美國量化寬鬆政策將退場等因素，黃金價格出現一波大跌，約從 2011 年第 3 季持續走低，直到 2015 年底才觸底，2016 年第 1 季至第 2 季的反彈主要來自於避險需求。

黃金基金也是類股基金的一種，有興趣的投資人應當了解，主要帶動黃金基金漲勢的兩大因素是美元疲弱以及通貨膨脹，避險需求雖可激勵金價走高，但仍屬短期效果。因此，即使金蟲指數處於 7 年中間線位置以下，但因產業景氣循環特性，建議投資人在投資心態與資金配置上，仍須審慎。

■ 金價 40 年來走勢圖

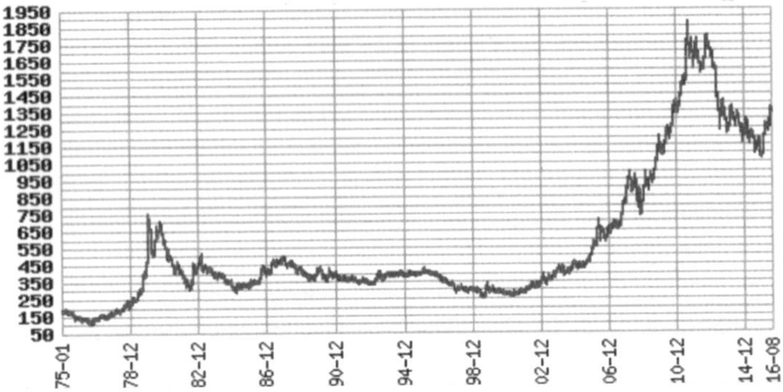

圖表資料來源：www.kitco.cn

■ 金蟲指數走勢圖

圖表資料來源：鉅亨網

能源基金

此類基金投資於主要從事能源勘採、開發、生產及分銷業務的公司之股權證券。油價約自 1985 年起至 2000 年，約盤整 16 年，隨後 8 年油價才有明顯漲勢，也帶動能源基金一波漲勢。然而，油價卻受 2008 年全球金融海嘯的重創，而有一波大幅修正，隨後油價從 2011 年至 2014 年中於 95~120 美元上下震盪，接著又出現一波大跌，直到 2016 年初止跌反彈。

預期全球低物價下，油價疲弱情況短期難見改善，因許多能源公司的開採成本平均都在每桶 40 美元左右，所以若油價低於 40 美元，對相關公司的經營將造成壓力。

■ 油價走勢圖

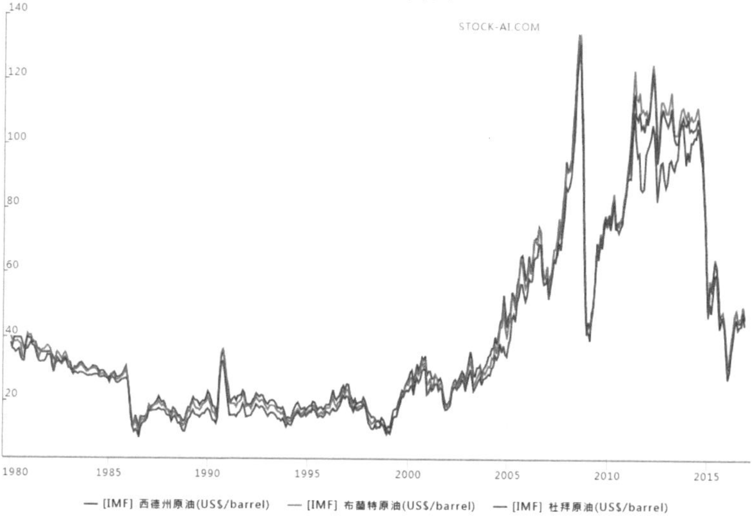

圖表資料來源 : Stock-ai

組合基金

投資標的是其他的基金，投資人只要買一檔組合基金，就等於是買到了一籃子基金，所以又稱基金中的基金。

由於組合基金投資標的是其他基金，一般而言淨值波動幅度較為平穩，當股市向上飆升時，組合基金的漲幅可能不及個別基金，但當大盤直直落時，組合基金也相對具抗跌性。

國內投信發行的組合型基金，第一代組合基金以債券組合基金為多，第二代組合基金以全球型配置較常見。

▶ 量化指標看風險

基金種類多，基金數量上千檔，就算是先以投資標的市場的潛力來挑選，進行了第一層的篩選，但在投資人鎖定的標的市場中，仍可能有百檔或數十檔以該標的市場為投資標的的基金，所以要能挑選出一檔適合的基金，也是讓投資人傷神的地方。

坊間有很多挑選基金的方法，但綜觀這些方法，都是以風險、績效來做為挑選的核心依據。其中，由投信投顧公會公布的的「基金風險報酬等級分類標準」，是投資人參考的基礎。

投信投顧公會主要是依據基金類型、投資區域或主要投資標的／產業，由低至高，分成「RR1、RR2、RR3、RR4、RR5」5 個風險報酬等級。在基金月報等產品資訊上都可以看到風險報酬等級的標示，投資人很容易就知道該檔基金的風險等級。

各類型基金之風險報酬等級

基金類型	投資區域	主要投資標的／產業	風險報酬等級
股票型	全球	一般型（已開發市場）、公用事業、電訊、醫療健康護理	RR3
		一般型、中小型、金融、倫理／社會責任投資、生物科技、一般科技、資訊科技、工業、能源、替代能源、天然資源、週期性消費品及服務、非週期性消費品及服務、基礎產業、其他產業、未能分類	RR4
		黃金貴金屬	RR5
	區域或單一國家（已開發）	公用事業、電訊、醫療健康護理	RR3
		一般型、中小型、金融、倫理／社會責任投資、生物科技、一般科技、資訊科技、工業、能源、替代能源、天然資源、週期性消費品及服務、非週期性消費品及服務、基礎產業、其他產業、未能分類	RR4
		黃金貴金屬	RR5
	區域或單一國家（新興市場、亞洲、大中華、其他）	一般型（單一國家－臺灣）	RR4
		一般型、公用事業、電訊、醫療健康護理、中小型、金融、倫理／社會責任投資、生物科技、一般科技、資訊科技、工業、能源、替代能源、天然資源、週期性消費品及服務、非週期性消費品及服務、基礎產業、黃金貴金屬、其他產業、未能分類	RR5

基金類型	投資區域	主要投資標的／產業	風險報酬等級
債券型（固定收益）	全球、區域或單一國家（已開發）	投資等級之債券	RR2
		高收益債券（非投資等級之債券） 可轉換債券 主要投資標的係動態調整為投資等級債券或非投資等級債券（複合式債券基金）	RR3
	區域或單一國家（新興市場、亞洲、大中華、其他）	投資等級之債券	RR2
		主要投資標的係動態調整為投資等級債券或非投資等級債券（複合式債券基金）	RR3
		高收益債券（非投資等級之債券） 可轉換債券	RR4
保本型	—		按基金主要投資標的歸屬風險報酬等級
貨幣市場型	—		RR1
平衡型（混合型）	—		RR3（偏股操作為 RR4 或 RR5）
金融資產證券化型	投資等級		RR2
	非投資等級		RR3
不動產證券化型	全球、區域或單一國家（已開發）		RR4
	區域或單一國家（新興市場、亞洲、大中華、其他）		RR5

基金類型	投資區域	主要投資標的／產業	風險報酬等級
指數型及指數股票型ETF	—		同指數追蹤標的之風險報酬等級
槓桿／反向之指數型及指數股票型 ETF	—		以指數追蹤標的之風險等級，往上加一個等級
組合型基金	—		同主要投資標的風險報酬等級
其他型基金	—		同主要投資標的風險報酬等級

資料來源：投信投顧公會

當然，以投信投顧公會的風險報酬等級了解基金的風險等級，只是投資人初步挑選基金的一個判斷標準。其它還有量化與質化的評估指標，投資人可以同時採用，來重複確認基金的績效與風險表現是否符合自己的期待。

▶ 量化指標多，有用最重要

量化指標很多，建議投資人選擇 2~3 種適合自己的指標即可，例如以 4433 法則挑選出績效佳的基金，然後再搭配 < 基金報酬率 vs. 標的股市（或評比指標）報酬率走勢圖 > 以及 < 基金風險 vs. 報酬圖 > 這兩個指標，來進一步驗證基金的報酬與風險情況。

所謂的 4433 法則，是由台大教授邱顯比、李存修教授設計用來挑選中長期績效佳的基金方式之一，其挑選方式及意義如下：

第一個「4」：一年期基金績效排名在同類型前四分之一者

第二個「4」：兩年、三年、五年期及自今年以來基金績效排名在同類型前四分之一者

第一個「3」：六個月績效排名在同類型前三分之一者

第二個「3」：三個月績效排名在同類型前三分之一者

假設亞洲區域股票型基金共有 312 檔，先以一年期基金績效由高至低排名，沒有一年期績效者刪除，然後選擇在同類型前四分之一者。例如，刪除 16 檔沒有一年期績效者，共有 296 檔，留下排名前 74 的 74 檔基金，接著再以 2 年、3 年、5 年期及自今年以來基金績效排名在同類型前四分之一的方式來篩選，一樣要刪除沒有績效的基金。

一層層篩選下來，假設剩下 18 檔，然後，再以 6 個月績效排名在同類型前三分之一的標準來篩選，一樣刪除沒有績效者。假設剩下 6 檔。最後，以 3 個月績效排名在同類型前三分之一來篩選，一樣刪除沒有績效者，假設一共剩下 2 檔。

如果投資人有興趣自己動手篩選，可以前往投信投顧公會網站的最新資料統計項目下，下載台大教授版的績效評比檔案、晨星版、理柏版等。目前網路上也有網站提供 4433 篩選的功能，例如 Moneydj、Yahoo 理財專區等，投資人可以依據指示操作，直接篩出基金。提醒投資人網路免費資源難免未盡完善，不妨多試試不同網站提供的功能，綜合比較所挑選出的基金。

圖表資料來源：投信投顧公會

透過 4433 法則挑出基金後，接著再以 < 基金報酬率 vs. 標的股市（或評比指標）報酬率走勢圖 > 以及 < 基金風險 vs. 報酬圖 > 兩個量化指標再次檢視基金的績效與風險表現。

基金報酬率 vs. 標的股市（或評比指標）報酬率走勢圖，是以一段時間基金報酬率走勢與投資標的市場股價指數報酬率或評比指標的報酬率走勢加以比較，如果不論下跌或上漲區段，基金報酬率走勢都在標的市場股價指數或評比指標報酬之上，而且領先的幅度愈大愈好，才顯示出基金經理人與團隊的研究與投資實力堅強。

例如，A 圖表中灰色線代表 X 基金近一年淨值報酬率走勢，黑色線代表該基金投資的標的市場指數報酬率或基金鎖定的評比指標報酬率走勢圖，由走勢圖可以清楚了解，近一年來，多數時間下，該基金經理人與研究團隊有打敗市場，只是領先的幅度並不顯著，投資人可以解讀為自己所支付的基金管理費，並沒有達到所預期的大幅領先效果。

A 圖：基金績效領先標的市場指數，但差距並不顯著。

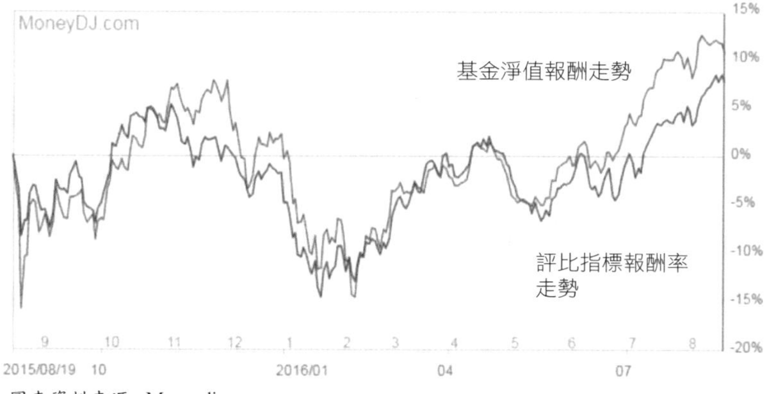

圖表資料來源：Moneydj

B 圖表中灰色線代表 Y 基金近一年淨值報酬率走勢，黑色線代表該基金投資的標的市場指數報酬率或基金鎖定的評比指標報酬率走勢圖，由走勢圖可以清楚了解，近一年來，多數時間下，該基金經理人與研究團隊打敗市場，而且大幅領先，投資人可以解讀為自己所支付的基金管理費，確實讓自己因此有不錯的獲利，自己沒有選錯基金經理人與研究團隊。

謹慎的投資人可以不只看近一年的走勢圖，可以拉長至 3 年，甚至 5 年來看，來了解基金經理人與研究團隊的長期績效表現情況。

B 圖 : 基金績效領先標的市場指數，且大幅領先。

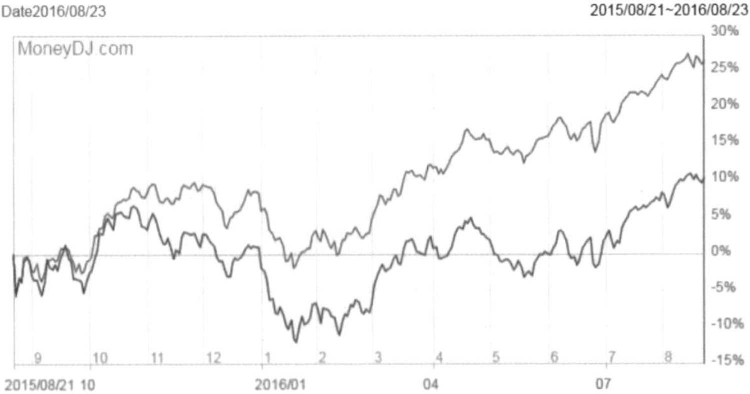

圖表資料來源 : Moneydj

基金風險 vs. 報酬圖是以標準差為橫座標、報酬率為縱座標，把基金的風險與報酬位置標示出來。標準差是根據一段時間內的基金淨值波動的情況計算而得的。一般而言，標準差愈大，表示淨值的漲跌較劇烈，風險程度也較大。也就是說，標準差愈小愈好，如圖中所示，愈往左的標準差愈小。報酬率是以獲利除以投入的本金而得，報酬率愈高愈好，如圖所示，愈往上的報酬率愈高。

因此，位在左上方位置的基金是風險與績效表現相對好的基金，如果投資人透過 4433 法則挑選出來的基金，正好落在左上方的區塊裡，代表投資人沒有選錯。而如果是落在右下方的區塊，代表投資人承擔了較大的風險，但卻沒有得到更高的報酬，投資人要避免買到落在這個區塊的基金。

而如果是落在右上方的觀察區塊裡，代表投資人需要承擔比較大的風險來追求較高的報酬，而如果是落在左下方的區塊裡，一般而言，投資人需承擔的風險與報酬均相對低。

如果由 4433 法則挑出的基金落在這兩個觀察區塊裡，投資人可以依據自己是積極或保守的性格來決定是不是要挑選該檔基金。

基金風險 vs. 報酬圖

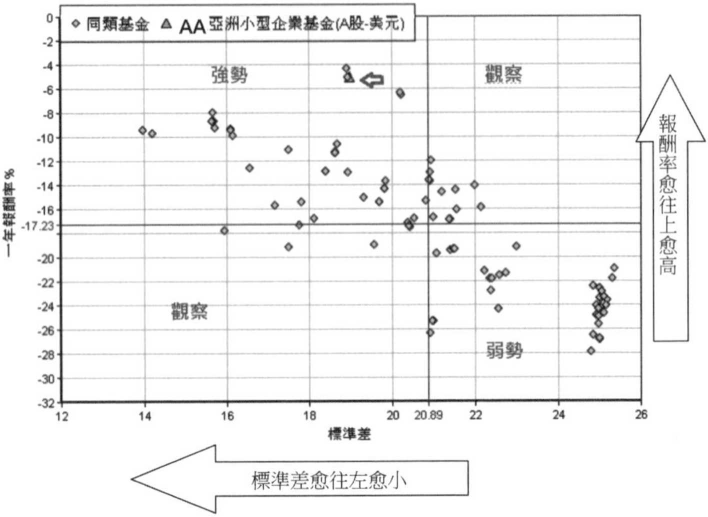

圖表資料來源：Moneydj

或許投資人會有這樣的疑問，如果有兩檔基金都在左上方區塊裡，而且位置很近，很難分出勝負，那麼該選哪一檔基金好呢？其實，兩檔中的任一檔基金應該都可以。

但是，如果投資人非要精細的比較出來，此時就要利用夏普比率。夏普比率是指承受每單位風險下所獲得的報酬，夏普比率的公式＝報酬率 ÷ 標準差。夏普比率愈高愈好，所以投資人把位置差不多的兩檔基金的夏普比率算出來，挑選夏普比率較高的那一檔基金即可。

例如圖中箭頭所指的 AA 基金與 BB 基金幾乎重疊在一起，假設 AA 基金的標準差是 19.1%、報酬率是 -6%，而 BB 基金的標準差是 19%、報酬率是 -5.8%，那麼 AA 基金的夏普比率為 -0.314（ = -6% ／ 19.1%），而 BB 基金的夏普比率為 -0.305（ = -5.8% ／ 19%），BB 基金的夏普比率比較高，應選擇 BB 基金。

＜基金報酬率 vs. 標的股市（或評比指標）報酬率走勢圖＞以及＜基金風險 vs. 報酬圖＞這兩個圖表可以在 Moneydj 網站中找到，投資人只要挑選出一檔基金，就可以看到該基金名稱下方有許多資訊鍵，並在淨值表與績效評比這兩個項下找到相關圖表資訊。

利用量化指標挑選基金之後，許多專家會建議投資人也要檢視質化指標，來進行最後的確認，這些質化指標包括基金規模、基金成立時間、基金公司形象等。

一般而言，基金規模愈大，比較不容易因大量的贖回潮導致基金規模大幅縮小；而如果基金規模太小，管理成本太高，很容易遭到基金公司的清算，投資人也就會被迫賣出。此外，挑選基金成立時間愈久的基金，因基金歷經多次景氣循環，還有一定表現，代表基金團隊經得起考驗，投資人也可以比較放心。至於基金公司形象，這是因基金投資多為長期性，所以基金公司是不是合法誠信經營，就變得重要。

第4招

輕鬆抓脈動：

搞懂景氣循環

本書先前提到，經濟景氣循環是造成市場波動、循環的重要因素之一。而在經濟景氣循環的不同階段裡，不同產業與不同商品也會有不同的表現。因此投資人挑選基金的時候，也應該要留意經濟景氣循環與產業或商品間的關係。

▶ 不同經濟景氣階段，各有主要產業出頭

雖然市場上對於經濟景氣的循環周期的分法不盡相同，多分成4~6個不同階段，但其實最核心的4個階段是經濟景氣復甦初期、經濟景氣加速成長期、經濟景氣觸頂而進入衰退期，以及經濟景氣加速衰退期，詳細說明如下。

> **名詞解釋**
>
> **景氣循環股**
>
> 景氣循環型產業的特性是對景氣循環與物價變動非常敏銳，也就是受供需影響很大。
>
> 當供不應求時，產品的報價會一直上漲，相關企業的獲利和股價也會一路向上，企業開始不斷大舉擴大設備、大量生產……，直到有一天供給大於需求。當供需反轉情況發生時，產品價格會一直下跌，先前擴張產能太過更是雪上加霜，企業處於生產也賠錢、閒置也賠錢的情況，如果硬著頭皮繼續生產，結果就是生產過剩而導致價格繼續下跌，甚至可能跌破生產成本，企業獲利與股價一敗塗地。
>
> 景氣循環產業包括營建業、鋼鐵業、機械業、汽車業、原物料、水泥、造紙、運輸等。

經濟景氣復甦初期

當經濟景氣剛從谷底翻升時，企業營運與獲利的未來性充滿潛力與想像空間，此時股票市場的表現將優於債券市場，股票市場中則以景氣循環股、成長股、小型股的表現更勝出。

債券市場雖然表現不如股票市場，但因經濟景氣才剛復甦，各國央行大多

維持低利率的寬鬆貨幣政策，以維持經濟景氣的復甦力道，因此，債券市場仍有一定的表現。

經濟景氣加速成長階段

當經濟景氣進入加速成長的時期，受惠經濟景氣復甦、需求增加的能源、黃金、原物料、房地產等景氣循環性產業，營運展望與獲利能力攀升，股票市場與商品市場皆有不錯表現，但商品與原物料相關市場或股價的表現將更勝一籌。

此時，債券市場是較差的投資標的，因為物價將因景氣熱絡而面臨上升壓力，各國央行多會開始調升利率來抑制通貨膨脹，債券價格與利率成反向變動，因此債券價格會下跌，債券市場步入空頭。

名詞解釋

成長股與價值股

成長股是指企業的銷售與獲利速度快，並且預期未來一段時間仍將持續。這類企業不會發放股息或發放金額少，多將賺得的利潤進行資本設備等的再投資。一般而言，成長股的股價波動大，例如科技產業。

相對於成長股，價值股通常有較高的股息殖利率，股價波動也較低，例如公用事業股。

經濟景氣觸頂、進入衰退初期

景氣衰退初期，通貨膨脹壓力可能仍在，長期利率可能即將觸頂，短期利率開始下跌，此時貨幣政策可能依然緊縮，以持有現金較佳。

而當長期利率觸頂回落時，債券市場就進入多頭，而股票市場與商品市場則進入空頭。此時，債券市場表現將超越股票市場與商品市場。至於類股的表現，防禦性類股表現將優於其它類股。

經濟景氣加速衰退期

經濟景氣加速衰退時，企業營收與獲利持續下滑，物價持續回跌，利率也開始調降，此時債券市場表現最好。股票市場中則以化學、製藥、保險等類股的表現相對較佳。

而當經濟景氣觸底且即將翻轉回升之際，債券市場雖然仍處於多頭市場，但上漲動能已經減弱，股票市場則開始觸底或將反彈，商品價格則依然呈現下跌情況，表現最差。

名詞解釋

防禦性類股

防禦性產業是指不受經濟景氣循環的影響的產業，這類企業以提供日常生活基本需求的產品或服務為主，收入與股息發放很穩定。因此在經濟景氣衰退，股市走空的情況下，股價較不易受到影響，甚至還有上漲的機會。當然，如果股市走大多頭時，股價上漲的空間與速度也相對低。

防禦性產業包括民生必需品、醫藥保健、公用事業、化妝品等。

不同經濟景氣循環周期的強勢投資工具

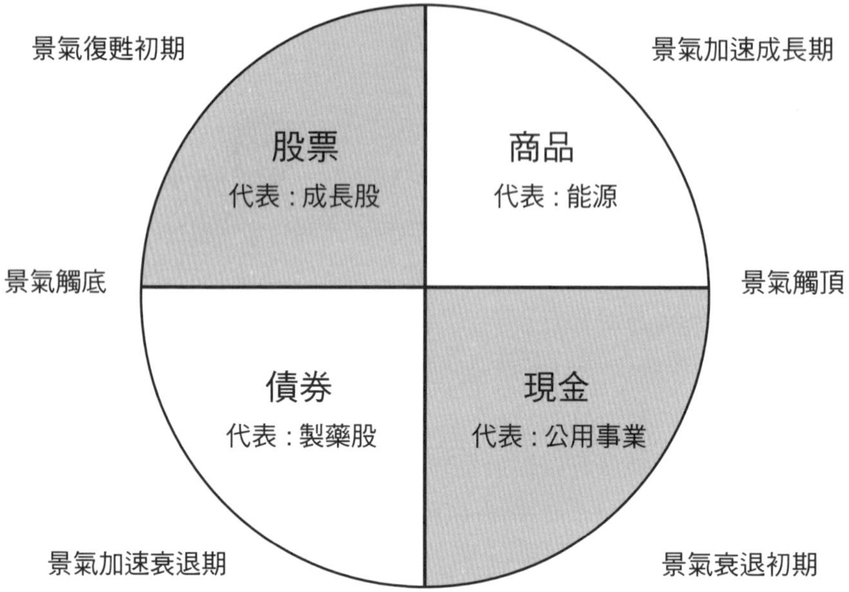

▶ 不同經濟景氣階段，各有合適的債券型基金

2008 年全球金融海嘯至今 8 年多，全球一直處於低利率的環境，引爆一大波段的債券市場榮景，債券型基金成為投資人的最愛之一。因此，各式各樣的債券型基金問世，投資人也因為選擇太多，而有無從下手之感。

其實，不同種類與信評等級的債券在不同的經濟景氣循環階段中的表現並不盡相同，因此投資債券型基金也需要隨著經濟景氣循環來適時調整。調整的步驟有二，首先是根據經濟景氣循環的所在位置，來確認債券市場是不是會有表現、或將是表現最佳的市場。

其次，考慮債券種類繁多，包括政府公債、公司債、短期債券、長期債券、投資等級債券以及高收益債（又稱垃圾債券）等等，投資人可以再就各個債券商品在不同經濟景氣階段的可能表現來挑選。

例如，當經濟景氣進入衰退階段，一方面各國央行多會採取寬鬆的貨幣政策，也就是降息的方式來刺激經濟成長，而利率走低，將會刺激公債價格上漲；另一方面，經濟景氣衰退容易引發企業經營問題，導致信用違約風險升高，因此，在經濟前景衰退以及不明朗階段，政府公債以及投資等級公司債將是比較好的選擇。

而當經濟景氣進入觸底回升的階段，此時公司營運前景將跟著好轉，企業的籌資能力及償債能力也隨著轉好，債信評等較高的公司債價格就會有較佳的表現。

至於景氣進入加速成長階段，不論是國家或企業，財政收入或獲利上升，換言之，赤字或壞帳率多是呈現下降情況，所以違約風險也跟著降低，此時高收益債券將相對其它債券有所表現。

。

各類型債券概況

債券類型	特性	適合的經濟景氣階段
政府公債	‧由各國政府所發行的公債 ‧穆迪評等在 Aaa、標準普爾評等在 AAA。 ‧信用評等高，風險低、債券債信品質極佳。	經濟景氣衰退、經濟前景不明朗
投資等級公司債	‧由企業發行的投資等級債券 ‧穆迪評等在 Baa 以上、標準普爾評等在 BBB 以上〉。	經濟景氣衰退、經濟前景不明朗
高收益債	‧信用評等較差的企業所發行的債券 ‧穆迪評等在 Baa 級以下，標準普爾評等在 BBB 以下的債券。 ‧因債券信用評等較差，違約風險較高，因此債券利息較高。	經濟景氣復甦、成長
新興市場債	‧主要是指由「開發中國家」所發 的債券，包括政府債券及公司債。 ‧信用評等視發行機構的債信評等而定。	經濟景氣復甦、成長

各信評機構之信用評等級

標準普爾（S&P）之信用評等	穆迪（Moody's）之信用評等	惠譽（Fitch）之評級代表意義	等級
AAA	Aaa	最高信用品質	投資等級
AA	Aa	非常好信用品質	
A	A	中上信用品質	
BBB	Baa	好的信用品質	
BB	Ba	非投資等級	非投資等級（投機等級）
B	B	高度投機	
C	C	低信用品質	
D	D	違約	

▶ 季節性淡旺周期，適合波段操作

除了經濟景氣榮枯的大循環周期外，還有季節性的淡旺季周期，一樣受到投資人的關注，也成為波段投資的主要標的。

但投資人要特別注意，利用淡旺季波段操作之前，一定要先確認該標的市場目前是走多頭趨勢還是空頭趨勢，如果是多頭趨勢，可能會旺季更旺，投資人可以預期相對高的投資報酬率；而若處於空頭趨勢，就可能變成旺季不旺，投資人吃不到甜頭。

看對趨勢一定要優先於做波段，看錯趨勢的話，淡旺季的投資法則可能就失靈了。

生技產業

2016 年 11 月川普當選美國總統，市場預期川普上任後可能推翻之前歐巴馬政府所訂定的歐巴馬健保（Obama Care），生技製藥產業一年多來的壓力解除，NBI 指數短短 4 個交易日上漲 12%。加上第四季是生技產業傳統旺季，生技基金再度成為話題焦點。

■川普當選美國總統，NBI 生技指數 4 個交易日漲幅達 12%

資料來源：鉅亨網

為何第四季為生技醫療類股的傳統旺季？這是因為醫學年會通常在第四季舉辦，而且也是美國食品藥品管理局（FDA）核准新藥上市的旺季，眾多題材出籠下，易於炒作話題，吸引市場目光，若再搭配營收、購併等消息，股價表現將更有看頭。

以 2014 年至 2016 年 NBI 指數的表現來看，2014 與 2015 年第四季的報酬均在 10% 以上。2016 年第四季雖然波段高低點有 1.25% 的幅度，但該季最終仍下跌 -8.4%，第四季旺季效益失靈。

由此可知，投資人波段操作生技基金時，雖然可以考慮在第一季～第三季生技基金出現較大幅修正時進場低接，等待第四季的上漲，獲利落袋。然而，還是應該先研判當時的市場氣氛與產業趨勢，以免大失所望。

2014~2016 年各季 NBI 指數之表現

年度	第一季	第二季	第三季	第四季
2014	4.2%	8.8%	6.4%	11.4%
2015	13.2%	7.4%	-18%	12.5%
2016	-23%	-1.2%	12.4%	-8.4%

資料來源：作者整理

至於生技產業的前景，單以產業基本面來看，2017 年、2018 年的營收成長可望維持 10%，步伐穩定。然而，目前市場上引頸企盼的是美國總統川普的政策，例如川普不主張對藥價做進一步規範，該政策若實施，生技製藥類股壓力就可獲得紓解，若川普再廢除健保政策，准許健保業者跨州營運來提高競爭力，肯定讓醫藥生技股受惠。

川普新政對生技產業的影響究竟如何？必須看 2017 年共和黨執政後實際執行的狀況而定，現階段仍是屬於消息面的緩解效益而已。投資生技基金仍需審慎。

黃金產業

談到黃金基金的投資，基本上該標的市場受到 3 個因素的影響：實體黃金價格表現、開採金礦公司的獲利表現、以及投機或避險資金的動態。三者有時環環相扣，有時單一因素主導標的市場的漲跌。

先單純以實體黃金來看，供需情況是影響價格表現的主要因素。由於需求中有 60% 來自於飾金的需求，而飾金的需求主要來自結婚、生子、節慶三大因素，換句話說，這些需求強的特定期間自然形成黃金的旺季。

於是每年的第四季與次年第一季就變成黃金的傳統旺季，飾金製造商通常會在 9 月下旬開始備料。至於淡季，則多在金礦設備商進行開採設備的歲修，交易員也趁機休假的時間點，也就是第二、三季。

因此，正常的黃金旺季從第四季開始，而若剛好許多利多題材發酵，炒作資金湧入時，旺季就會有提前開始、延後結束的現象。然而，就如本文先前所說，如果大趨勢是走空頭，第四季也可能是旺季不旺。

此外，黃金也是資本市場中，備受投資人喜愛的一項投資與炒作標的，金價的漲跌很多時候是投機資金或避險資金拉抬或打壓的結果。

以 2016 年為例，黃金價格因為已有一波段跌幅，加上地緣政治風險意識高升，推升黃金價格一路從 2015 年底反彈走揚，並在英國脫歐公投的催化，避險資金不斷湧入之下，於 7 月初達到高點，波段漲幅達 28.7%。以追蹤 15 家金礦公司股價表現的金蟲指數（AMEX）的走勢也於同期間一路大漲，波段漲幅高達 154%。

2016 年的黃金淡季於第三季初展開，並在聯邦準備理事會升息議題，以及美元持續走強等多項利空打擊下，金價開始一路回檔，4 個月來的波段跌幅達 17%。金蟲指數也於同一期間回檔修正，下跌幅度高達 40.7%。

關於黃金的未來前景，雖然專家們的看法分歧，但黃金並未出現大多頭趨勢確是一致的看法，因此投資人波段操作黃金基金的難度也跟著提高。

■ 2016 年黃金價格先漲後跌

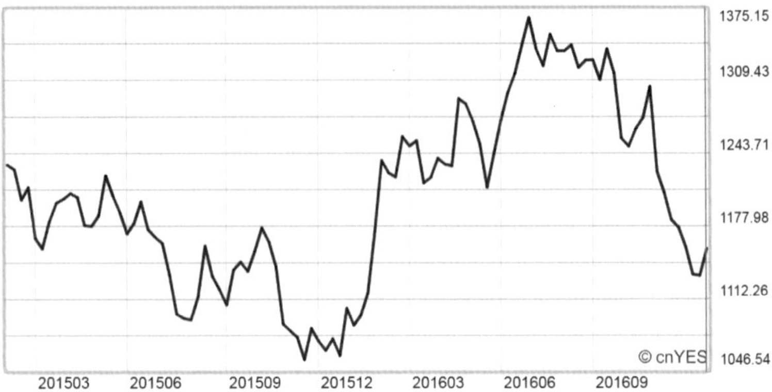

圖表資料來源：鉅亨網

精品產業

精品基金每年都會冒出頭一次，主因是第四季是消費高峰期，高檔消費性商品的業績通常會有所表現，是傳統旺季。

精品產業就是大家所熟知的高檔消費性產品，例如保時捷、哈雷機車公司、生產 LV 包的路易威登集團（LVMH）、卡地亞（Cartier）等等，依著買名牌更要買精品基金，當精品公司股東的想法，精品基金於 2002 年左右開始於台灣銷售，曾經熱鬧一時。

可惜，2008 年金融海嘯席捲全球，造成全球主要市場歷經 2 年多的大修正，相關精品公司的股價亦遭到嚴重的波及。

我們可以從 A 精品基金淨值的 7 年走勢圖看出，淨值於 2009 年底達到最低，然後隨著股市谷底反轉而開始走揚，直到 2013 年中達到最高，隨後又開始一路回檔修正。呼應了中國及部分新興市場經濟景氣不佳，消費力降低的情況。

畢竟以中國為首的新興經濟體正是精品產業所依賴的成長動能。這些新興國家本身面臨經濟結構調整或停滯情況，讓精品業者的經營再度面臨困境。

■ A 精品基金 7 年來淨值走勢圖

圖表資料來源：MoneyDJ

然而，2015 年起情況似乎開始又出現轉機，富比士（Forbes）指出，受到經濟不景氣影響的 40 家富比士所追蹤的精品公司，已經在 2015 年由衰退轉為正成長 2%。富比士指出，從 1982 年以來，全球奢侈品價格指數平均年增長率為 5%，比消費者物價指數的 3% 高。富比士強調，排名前 400 大的美國有錢人的資產總值，從 1982 年至今的增長幅度達 950%。

富比士認為富有人士的消費力依然強勁，然而投資市場的表現受到經濟、政治、資金等變數影響，所謂覆巢之下無完卵，精品公司股價很難獨善其身。

因此，就如本文先前所提到的，波段操作前必須先判斷趨勢的多空。這個趨勢包括，全球主要經濟體的經濟景氣表現，以及精品產業是不是從 2015 年起，每年將持續正成長？如果答案為兩者皆是往好的方向發展，那麼精品基金的波段行情可以期待。而如果只是其中一項往好的方向發展，或者兩者都往不好的方向發展，那麼投資人就應該保守看待精品基金的表現了。

■富比士全球奢侈品價格指數（CLEWI）走勢圖

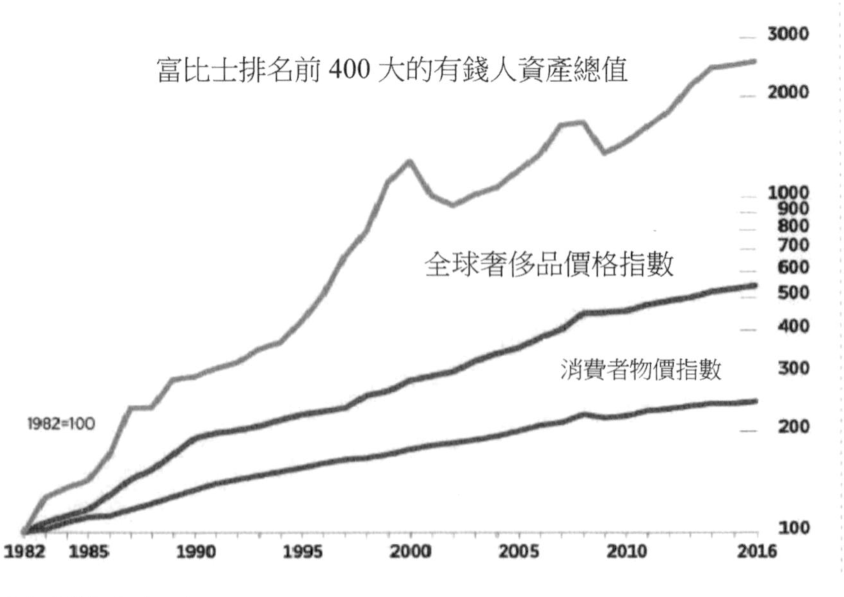

圖表資料來源：富比士

農產品

提到農產品，投資人一定會立刻想到玉米、黃豆與小麥。可是農產品（或稱農金）基金，卻是以種子公司、肥料公司、農業機具廠等公司為主要投資標的。就像B全球農金基金在投資標的上所提及，是以農業原物料生產所需所衍生的農金萌芽、成長的上游商機（基礎資源及原物料），以及因應食品、能源、銷售等需求所衍生的農金茁壯、收成的下游商機（加工及銷售）為投資標的。

所以投資人千萬不能弄錯，以為農金基金是直接投資在玉米、黃豆、小麥等農產品上，而不解為何基金績效表現，有時並不是與農產品價格同步。

農產品基金的興起是在2007年，當時全球投資市場漲到最高點，從石油、能源一路到農產品輪流接棒飆漲，農產品終於入了台灣投資人的眼。於是，基金業者順應投資人的需要，於2007年底、2008年初引進或推出相關農金基金，讓投資人在台灣也能合法買到農產品基金。

提到農產品旺季，根據歷史經驗約為每年下半年，尤其亞洲與新興市場國家都陸續進入傳統的節慶旺季，對農業上下游的需求明顯增加。可惜的是，台灣投資人並沒有在農金基金上享有太長時間的甜頭。2008年金融海嘯的無情襲擊，農金基金的基金績效無可避免也跟著大幅下跌，農產品基金的熱潮也快速消退。

以 B 農金基金為例，該基金成立於 2008 年 2 月，成立不到 1 年就遇到金融海嘯，基金淨值最大跌幅達 58%，近 2 年來基金淨值則於 9~10 元盤整。相對應到 DAX 全球農經指數，3 年多來也是呈狹幅盤整的情況。

可想見，農產品基金在過去這一段長時間的旺季表現，應該不會讓投資人有太大的驚喜。老話一句，投資人先研判農產品產業的趨勢，再決定要不要搶旺季財了。

名詞解釋

DAX全球農金指數（DAX Global Agribusiness Index）

由德意志證交所集團（Deutsche Borse AG）所編製，追蹤全球主要農業相關企業表現，於 2007 年 7 月 16 日正式成立，主要包含農產品經營、農業機具、農業化學、肉製品經營和乙醇、生質能源 5 大類

■ DAX 全球農金指數 2007~2016 走勢圖

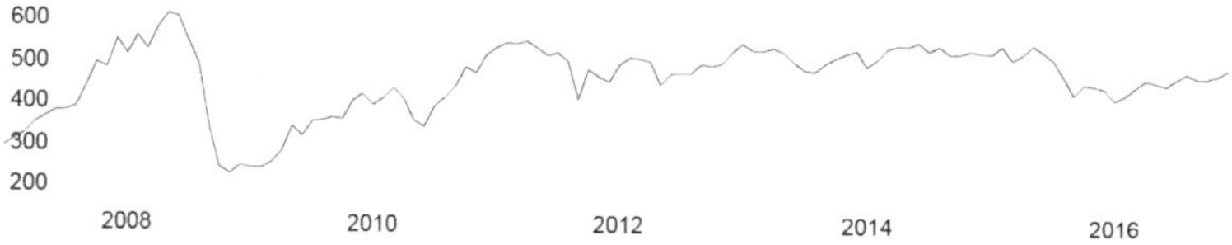

圖表資料來源：德意志證交所

■ B 全球農金基金淨值走勢圖

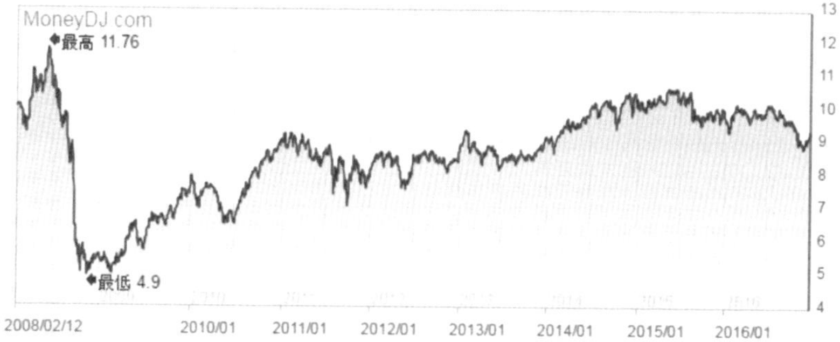

圖表資料來源：MoneyDJ

第5招

聰明買基金：投資方式、資金安排並重

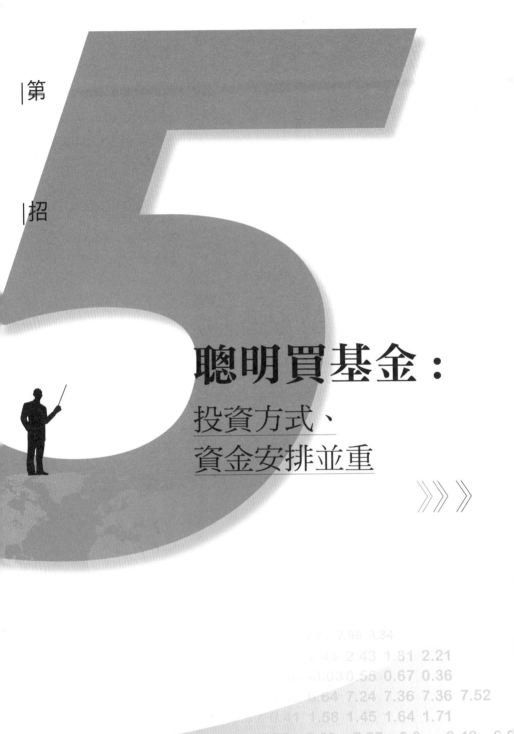

不論是透過基金公司、銀行或證券商，投資人買進共同基金的方式不外乎3種，即單筆投資、定時（不）定額，以及單筆投資+定時（不）定額。

▶ 單筆投資：波段操作、賺賠明顯

單筆投資是指一次拿出一筆金額，選擇適當時點買進基金，並在市場高點時獲利了結。因為進場的那一刻就決定了投資成本，所以除了需有波段操作的概念外，一定要事先評估標的市場目前所在的位置是相對高點或低點。

相對低點的位置才適合投資人以單筆進場投資。如果能在市場低檔介入、在高點獲利了結，投資報酬率很容易顯現。當然如果不幸在高點介入，短期內的損失也會相當明顯，而且可能需要等待一段不算短的時間，才有可能損益兩平，或開始獲利。

再以俄羅斯股市為例，來詳細說明：

A點：2014年7月單筆買進俄羅斯股市，至2016年都處於賠錢的狀態，最大損失超過50%。

B點：2014年12月中、2015年8月中、2016年1月中進場，獲利區間是27%~88%。

若要單筆投資俄羅斯股市，相對低檔位置約在 830 點以下，當然仍需要搭配該標的市場的總體經濟與政治情況加以判斷，來決定要不要投資俄羅斯股市。

■ 俄羅斯股市近 3 年股市走勢圖

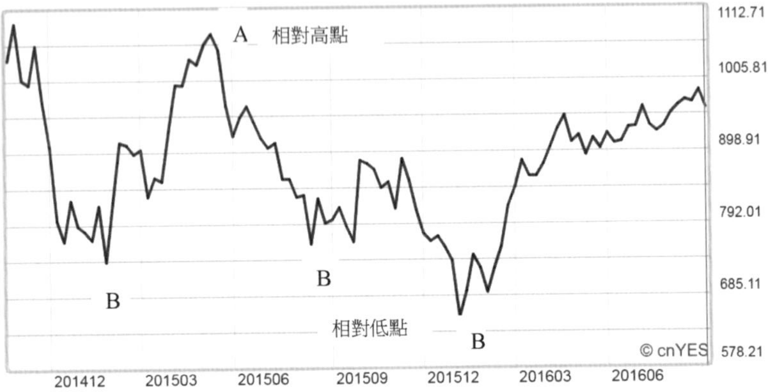

圖表資料來源：鉅亨網

▶ 定時（不）定額：資金少、不知何時進場

定時定額是指每隔一段時間，通常是每一個月，投資固定金額於固定的基金上，不必在乎進場時點，也不必在意市場價格起伏，時間到了就投資。例如，投資人每一個月固定投資 3000 元於某個共同基金，並持續進行，這就是定時定額投資。

定時不定額與定時定額的差別，在於每一個月固定時間投資某支基金時，投資金額並不固定，而是依據市場漲跌情況來減碼或加碼。例如每月 5 日扣款，第一次扣款金額是 4000 元，下一個月 5

日時，若市場下跌幅度超過 10%，則扣款金額變成 5000 元，若市場漲幅超過 10%，則扣款金額變成 3000 元。

定時不定額的好處是更能降低平均的投資成本，壞處是每月扣款金額並不一定，資金控管上比較麻煩。目前各銀行與投信都有提供該選項，投資人可以在申購初期即完成設定，也可以隨時更改設定條件。

定時（不）定額適合不知道如何判斷買進時點的投資人，利用每月固定扣款，不論市場行情如何波動，定時買入（不）定額基金，當基金淨值上揚時，買到較少的單位數，反之，在基金淨值下跌時，買到較多的單位數，不但不用一次拿出大筆資金，長期下來，成本及風險可以攤低。

▶ 低檔持續扣款，才有長期平均成本效果

為何定時（不）定額具有長期平均成本的效果？這是因為當市場走跌而持續扣款時，長期平均下來的成本已經降低了。當整體投資平均成本降低後，一旦股市回升，轉為正報酬的速度就會比較快。

舉例來說，投資人每月定時定額扣款 3000 元，如 134 頁表所示，隨著淨值下跌，每次申購的單位數也隨著增加，如果投資人在第 6 次贖回，總投資金額是 15000 元（3000 × 5），基金的資

產總價值是 12890.4 （ 12 × 1074.2），則投資報酬率為 -14.06% [（12890.4-15000）／ 15000]。相比單筆投資報酬率（即淨值變動幅度）的 -20% [（12-15）／ 15] 要低。

這是因為成本攤低了，所以投資人的虧損幅度較淨值跌幅（也就是基金整體跌幅）少了 5.94%。

	定時定額投資金額（元）	單位淨值	購得單位數
第 1 個月扣款	3000	15	200.0
第 2 個月扣款	3000	14.5	206.9
第 3 個月扣款	3000	14	214.3
第 4 個月扣款	3000	13.5	222.2
第 5 個月扣款	3000	13	230.8
第 6 個月贖回	—	12	1074.2

再以某檔俄羅斯基金為例，假設有甲乙兩位投資人在 2014 年 1 月股市的相對高點位置買進該檔俄羅斯基金，甲投資人是以單筆買進，乙投資人則是以定時定額方式買進。

如果兩人都在 2016 年 1 月決定要認賠賣出（如 136 頁圖 I 所示），那麼甲投資人的投資報酬率是 -53.5%，乙投資人的投資報酬率是 -23%，乙投資人賠得比較少。而如果兩人都決定持續投資，不願意認賠出場（如 136 頁圖 II 所示），截至 2016 年 8 月底，甲投資人的投資報酬率為 -29.8%，而乙投資人的投資報酬率為 4%，已經由虧損轉為獲利了。（見下表）

由此可知，定時（不）定額投資確實能進一步降低投資風險，雖然報酬率在多頭市場時比不上單筆投資。但同樣地，在空頭市場時，虧錢的情況也比單筆投資要輕一些。

再者，乙投資人可以轉虧為盈，是因為乙投資人於低檔持續扣款，長期下來的平均成本攤低效果下，一旦股市上漲或反彈，就比較容易由虧損轉為獲利。

期間	定時定額				獲利 / 虧損	
	扣款總次數	扣款總金額	申購總單位數	基金總價值	定時定額	單筆
（I） 2014.1~2016.1	25	75000	16477.285	57621.065	-23%	-53.5%
（II） 2014.1~2016.8	32	96000	21767.471	99412.04	4%	-29.8%

■ A 俄羅斯基金淨值走勢圖

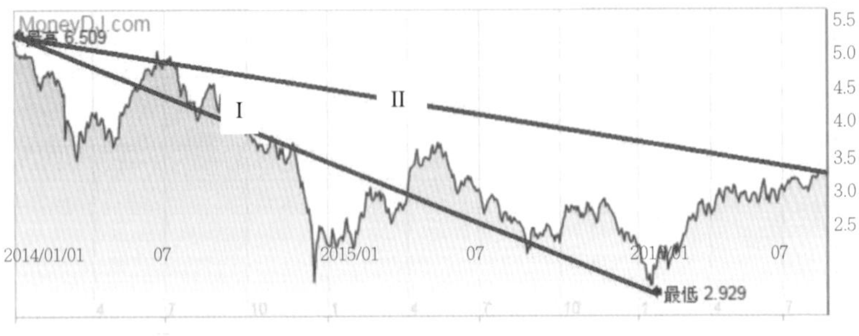

圖表資料來源 : Moneydj

▶ 正報酬下才有複利效果

除了長期平均成本效果外，最常被理財顧問提到的另一個定時（不）定額的好處是「複利效果」。所謂的「複利」就是利滾利，也就是把投資所賺到的利息或賺到的利潤加入本金，繼續賺取報酬。

舉例來說，有一項投資每年有 10％的獲利，以複利計算，以 100 萬元投資的第一年賺 10 萬元，但第二年賺的卻是 110 萬元的 10％，即是 11 萬元，第三年則是 12 萬 1 千元，等到第十年總投資獲利是將近 160 萬元，成長了 1.6 倍，這就是一般所說「複利效果的魔力」。

然而「複利效果的魔力」未必每次都會發生。首先，複利效果的前提是每年（次）都是正的投資報酬率，如此才能「利滾利」。如果本期扣款時，基金淨值較上期扣款時下跌，下一期又更下跌，這兩期的投資變成賠錢，在沒有獲利之下，當然就不能利滾利。也就是複利效果為 0。

其次，若投資人買的是配息的基金，原來本金加上獲利部分，會因配息後減少，複利效果就不會像未配息的基金那麼好了。最後，複利效果就如同長期平均成本效果的情況一樣，需要時間夠長才能夠充分展現。

▶ 定時定額成功關鍵：耐心！耐心！耐心！

投資人注意到了嗎？不論是長期平均成本效果或是複利效果，都需要「長時間」這個條件，而這也是投資人常常無法克服，而導致失敗的關鍵。假設投資人以定時定額方式投資一檔台股基金，通常會有以下兩種情況：

情況 1、持續賠錢，還堅持扣款，測試耐心

若於 2007 年 7 月 25 日（下頁圖中所示 * ）的高點買進，至 2008 年 12 月 5 日，同樣投資 45000 元，單筆投資將虧損 51.9%，定時定額虧損則為 33.1%。此時若定時定額繼續扣款，至 2013 年 1 月 3 日（圖中所示 X ），共 4 年又 5 個月時間，獲利才開始由虧轉盈，而單筆仍有 35.56% 的虧損。

投資人試著問自己，長達 4.5 年期間持續面對虧損，而能夠堅持每月持續扣款，這不就是在測試投資人的耐心嗎？但是，投資人只要撐住，持續扣款，一旦股市開始上漲，就比單筆投資容易由虧損轉為獲利，就像本例中，單筆需要等到 2014 年 3 月 3 日才開始轉虧為盈，較定時定額整整晚了 14 個月。

■ A 台股基金淨值走勢圖

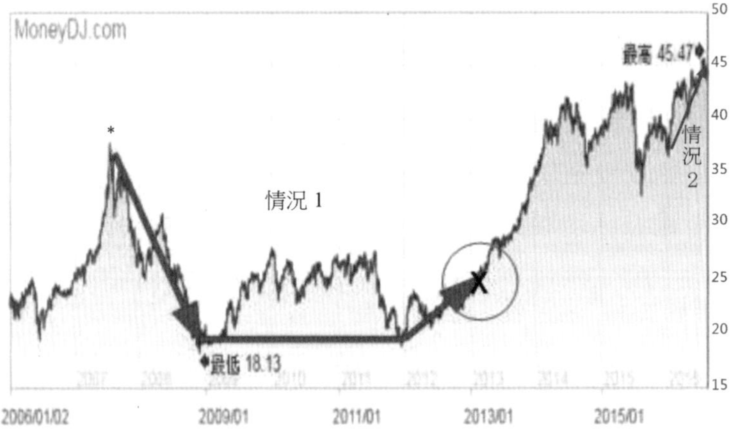

圖表資料來源 : Moneydj

情況 2、本金累積慢，絕對獲利金額有限，測試耐心

定時定額本金累積需要時間，當投資期間有較大行情時，可能因為本金累積時間不夠久，導致淨獲利的絕對金額不多。就像本例中，投資人每月定時定額 3000 元，扣款 1 年所累積的本金為 3.6 萬元，此時已有 11.94% 的投資報酬率，但如果換算成實際的獲利

金額，則只有 4299 元。

如果身邊有朋友在同一時間以 36 萬元單筆買進，總獲利金額則近 13 萬元，兩相比較下，投資人的心情難免受到影響。此時，投資人只有告訴自己要有耐心，持續扣款，才能等到下一次本金較多，絕對淨獲利較多的機會。

情況 1

期間	單筆投資	每月定時定額 3000 元	15 個月總投資金額
2007.7.25~2008.12.5	-51.9%	-33.1%	45000
期間	單筆投資	每月定時定額 3000 元	53 個月總投資金額
2007.7.25~2013.1.13	-35.6%	0.44%	1.59000

情況 2

期間	單筆投資 36 萬元		每月定時定額 3000 元		12 個月定時定額總投資金額
	報酬率（%）	淨獲利金額	報酬率（%）	淨獲利金額	
2015.8.2~2016.7.29	35.91	129270	11.94	4299	36000

▶ 淨值波動大基金適合定時（不）定額

何種型態的基金適合定時（不）定額投資？原則上，大部分基金都能成為定時（不）定額的投資標的。然而，因為定時（不）定額已經具備分散投資時間的概念，在市場上下震盪的時候定時（不）定額投資，可有效將投資成本攤平，所以價格波動程度較高的股票型基金相對合適。

在股票型基金當中，建議以區域型或單一國家股票型基金為主，因為從淨值波動度來看，單一國家股票型基金淨值波動度高於區域型股票基金，而區域型股票基金的淨值波動度又高於全球型股票基金。

■ A 全球型股票基金淨值走勢圖

圖表資料來源：Moneydj

■ B 亞洲區域型股票基金淨值走勢圖

圖表資料來源：Moneydj

■ A 生技股票型基金淨值走勢圖

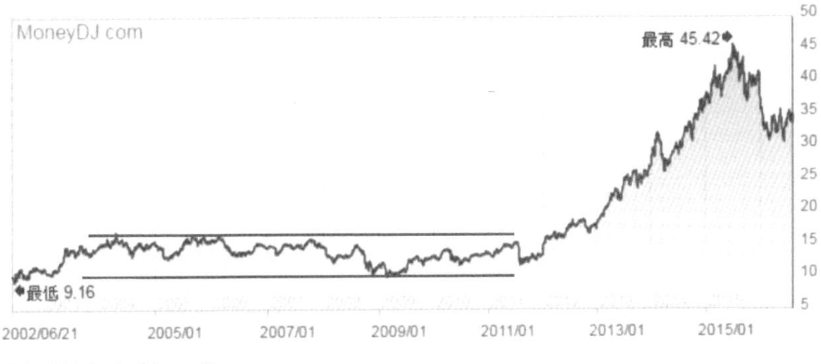

圖表資料來源：Moneydj

投資人應避免產業型基金。因部分產業的景氣循環期間非常的長，投資人可能要花非常久的時間才能在定時定額投資中獲利出場。以國內某檔生技股票型基金為例，約長達 8 年時間淨值在一狹窄區間內上下震盪，然後才有一波明顯漲勢，投資人是不是有耐心與資金撐過這漫長的 8 年呢？

至於債券型基金，除了波動性與股票型基金相當的高收益債券型基金外，因為淨值相對股票型基金穩定，大多數有經驗的投資人，會將債券型基金視為單筆投資的標的。

■ A 高收益債券基金淨值走勢圖

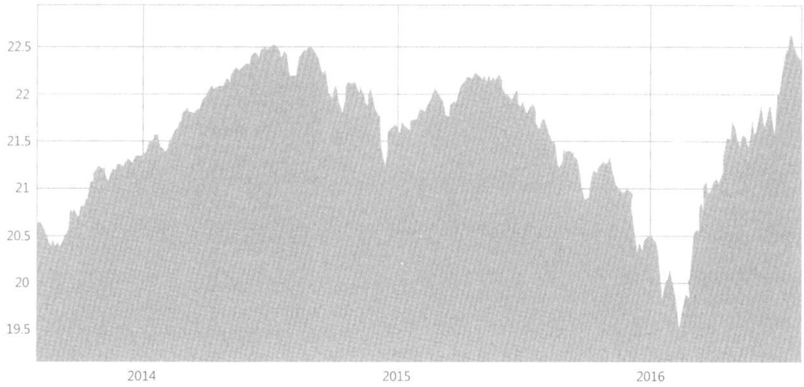

圖表資料來源：基金公司

■ B 投資等級債基金淨值走勢圖

圖表資料來源：基金公司

由於淨值波動大的基金，比較適合做為定時（不）定額的投資標的，如果投資人預計 2 至 3 年之內，就會動用的投資款項，就不太適合採用定時（不）定額的投資方式。

名詞解釋

貼心叮嚀：

定時（不）定額 3 要件

1. 挑選市場波動大，淨值波動幅度大。亦即淨值標準差大的基金

2. 挑選至少未來 3 年內處於成長趨勢機會大的標的市場

3. 投資期限至少 3 年

換句話說，投資的目的是子女教育基金、個人退休基金等資金需求在 5 年或甚至更久以後者，就可以選定一檔中長期趨勢持續正面的股票型基金，以小額但不間斷的定時（不）定額投資方式，來持續參與標的市場的成長過程，低檔加碼且適當停利，追求財富的增長。

▶ 進階版投資方式：定時（不）定額 + 單筆

進階版的投資方式有三種，一種是以定時（不）定額為主，單筆為輔；一種是以單筆為主，定時定額為輔，第三種是手動的單筆分批加碼。

方法一、以定時定額為主，單筆為輔

以定時（不）定額方式投資基金，就不必擔心進場時點，還可以分散風險。若發現定時（不）定額的基金報酬率將接近自己設定的獲利出場點，例如 20%，就要進一步分析研判，如果該標的市

場已經是相對漲高，或許將有修正，此時應該根據自己設定的獲利點，全部先獲利出場；若預期還有上漲空間，則可以選擇部分出場（詳細做法可參考第 6 招聰明賣基金）；而單筆部分最好謹慎些，不要貿然進場。

至於獲利出場後，是否要持續扣款？一般而言，因市場是不停變動、循環的，建議投資人繼續扣款，除非投資人綜合總體經濟與政治等情況，對其未來 3 年的前景不看好，就可以停止扣款，改挑選其它適合的基金。

若發現定時（不）定額的基金報酬率是負的，而且已達或超過設定的標準，例如跌幅超過 15%，甚至是跌了 20%，此時有可能代表市場超跌了，就可以單筆加碼進場，來等待跌深反彈或下一波上漲的行情了。

例如已經定時（不）定額投資一檔股票型基金，基金報酬率下跌至 20%，就單筆 5 萬元進場買進一次。 若再下跌 10%（也就是基金報酬率達到 -30%），就再單筆 5 萬進場買進一次，依此類推。這樣做的好處是，可以非常快速的拉低成本，一旦市場出現跌深反彈，就非常容易有正的報酬。

以某 A 歐洲大陸股票型基金為例，假設投資人於 2014 年 5 月 6 日相對高點進場，5 個月餘虧了 8.93%，於是投資人單筆 5 萬元進場加碼買進，隨後再於 2015 年 1 月 13 日、2016 年 2 月 12 日（見圖＊），分別再以單筆 5 萬元加碼買進。

假設投資人於 2016 年 8 月 25 日決定賣出該基金，若投資人於 2.3 年的投資期間內，只以定時定額方式投資，投資報酬率為 3.08%，淨獲利金額 4319 元；但若投資人於投資期間低檔加碼 3 次，此時，定時定額加單筆的投資報酬率達 9.9%，淨獲利金額為 28943 元。

由例子可知，利用單筆於跌深時加碼，搭配定時定額平均成本攤低的效果，當股市由下跌變成上漲時，由虧錢變賺錢的速度會變快，金額也會增加。

■以定時（不）定額與單筆投資結合運用可以加速扭轉虧損：
以歐洲大陸股票基金為例

期間	單筆投資 5 萬元		每月定時定額 5000 元		單筆＋定時定額	
	報酬率 %	淨獲利金額	報酬率 %	淨獲利金額	報酬率 %	淨獲利金額
2014.5.6~2014.10.16	-	-	-8.93	-2678	-8.93	-2678
2014.10.16~2016.8.25	23.65	11824	-	-	-	-
2015.1.13~2016.8.25	13.09	6547	-	-	-	-
2016.2.12~2016.8.25	12.51	6253	-	-	-	-
2014.5.6~2016.8.25	-	-	3.08	4319	9.9	28943

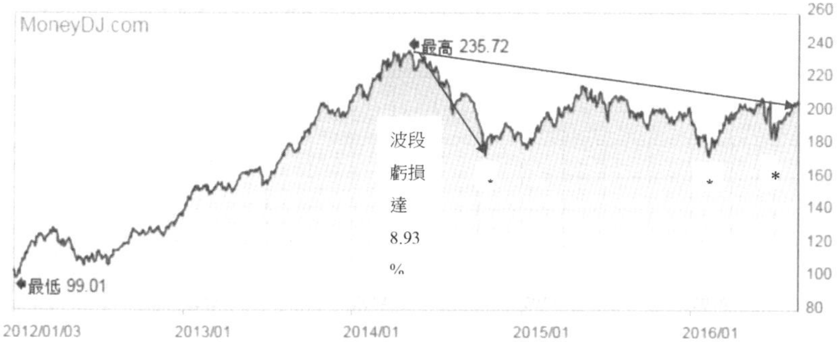

圖表資料來源：Moneydj、作者整理

方法二、以單筆為主，定時定額為輔

先以單筆買進基金，當投資報酬率為負且達設定的標準，例如 -15% 時，開始以定時（不）定額方式投資該基金，也可以達到攤低成本效果，在股市反彈或上漲時，能以較快速度由虧損轉為獲利。

再以 A 歐洲大陸股票型基金為例，假設投資人於 2014 年 5 月 6 日單筆投資 20 萬元，隨後該基金淨值不斷下跌，至 2014 年 10 月 16 日，波段跌幅達 26.3%，於是投資人開始每月定時定額 10000 元來投資該基金。

若投資人決定於 2016 年 8 月 25 日贖回該基金，僅以單筆投資的結果是投資報酬率為 -8.9%，淨賠 17884 元；而如果單筆加定時定額的做法，卻能讓投資報酬率為 0.9%，小賺 3674 元。

同理可證，當投資人利用定時定額於跌深時加碼，定時定額金額愈高，例如由 10000 元變成 20000 元，一旦股市回升時，由虧損變獲利的速度也會變快，淨獲利金額也會變高。

■單筆投資虧損時，可善用定時（不）定額來攤平成本

期間	單筆投資 20 萬		每月定時定額 10000		單筆 + 定時定額	
	報酬率 %	淨獲利金額	報酬率 %	淨獲利金額	報酬率 %	淨獲利金額
2014.5.6~2014.10.16	-26.3	-52690	-	-	-26.3	-52690
2014.10.16~2016.8.25	-	-	9.37	21558	-	-
2014.5.6~2016.8.25	-8.9	-17884	-	-	0.9	3674

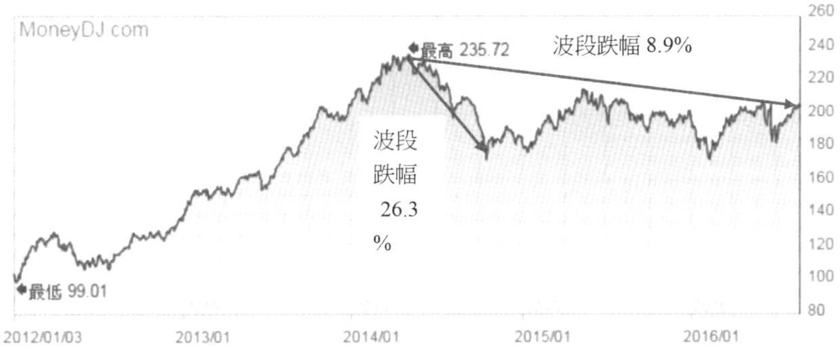

圖表資料來源 : Moneydj

方法三、單筆的手動分批加碼

單筆投資的手動分批加碼方式，是指投資人把該筆資金分成數等份，分時分批的買進一檔基金。例如，投資人有 50 萬元，把 50 萬元分成 10 個 5 萬元，以 5 萬元買進後，可以逢大跌 15% 就再投資買進 5 萬元，直到 50 萬元買完為止；或者分成 10 個月，每月 5 日買進等等。

以上做法，都有分攤時間風險以及平均成本的效果，可說是手動版的定額但不定時，或定時定額的操作法。

▶ 資金安排 3 要素：收入、費用、投資時間長短

定時（不）定額投資後，若為虧損，一定要持續定時（不）定額扣款，才有機會於股市再度上漲時，以較快的時間由賠錢變成賺錢，此時資金是否足夠支撐持續扣款，或提高扣款金額，變得非常重要。

定時（不）定額扣款後，若想於跌深時（例如 -20% ），以單筆申購加碼買進，也需要資金；而單筆投資後，面臨較大幅度虧損，不論是以單筆或定時定額加碼買進，也需要有資金。

簡單結論，不論是採用定時定額，還是單筆投資，不匱乏的資金是讓投資人能夠打敗時間與市場，贏得最終勝利的重要因素，否

則投資人很容易住很久的「套房」，或因為有資金需求而被強迫認賠出場。

要讓資金不匱乏，投資人就要先算清楚有多少錢可以投資？例如，每月收入扣除花費以及銀行存款後，你可以拿來投資的金額。假設投資人每月收入 7 萬元，扣除生活、房租費用，還有 3 萬元，1 萬元存放銀行，剩下 2 萬元可以投資。

另外，假設投資人現有存款 60 萬元，每月所需費用是 4 萬，亦即若失業，可以撐 15 個月。 而若每月定時（不）定額買基金，失去收入情況下，因不想停止定時（不）定額，那麼這筆資金約可以支撐 30 個月。兩者綜合考慮下，最遲投資人必須在失業後的第 10 個月重新有一份收入。

當然隨著投資人的生活型態改變，資金安排與投資方式也需要跟著做調整。市場上常見的資金安排與投資建議，如下表所示，是依據投資人的人生階段來安排，簡而言之，就是根據收入、花費、時間三個因素來做相關的資金安排。

例如一個剛出社會工作的年輕人，如果無需養家，基本上就是一人飽全家飽，此時收入不多，花費也不多，唯一多的就是時間了，所以定時（不）定額是最適合的投資方式，來積極追求財富的增長。

而結婚後，除了要奉養雙親外，可能孩子也接著來到，此時，工作一段時間有較高的職位與收入，但生活花費也大為增加，因此投資人需要一方面有穩定的現金流量來支應生活花費，一方面追求財富的持續成長，所以單筆與定時（不）定額投資的彈性運用就變的重要。

當子女都長大離家後，投資人離退休的時間也不遠，此時，投資人的投資態度與做法就要以保全資產，來支付日常生活費用為主。

■不同人生階段的基金投資建議

人生階段	初出社會個人飽全家飽	上有高堂、下有兒女	空巢期至退休前 5 年	退休之後
固定收入	低	中	高	零
風險承受度	最高	中	低	低
建議	1. 定時定額投資 2. 追求資產增長	1. 單筆＋定時定額 2. 追求資產增長＋穩定現金流	1. 單筆投資 2. 保全資產＋收益穩定	每月由資產中固定提供生活費用

資料來源：各投信

至於資金安排的做法，投資人可以考慮的簡單的方式是，將平日收入分成生活費用、投資理財、安全資金 3 個項目。生活費用與投資理財的資金要分清楚，不要混在一起，而安全資金是預備金，平日不要動用；另外，年終獎金或本業外收入也可做為預備金。

投資人安排資金時，可以根據自己的情況，一項完成後，再安排下一項，不需要強迫自己一次就把 3 個項目一起準備，造成生活壓力。另外，每一項的安全存量至少要有 12 個月。例如投資人的生活費用是每月 2 萬元，則安全存量的金額至少應為 24 萬元。

提醒投資人，可以投資在基金的資金多寡，跟資金安排在費用與安全資產的金額息息相關，規劃時不能只考慮投資金額，要把最壞情況一併考慮，才不會干擾到基金投資，而影響到累積財富的計畫。

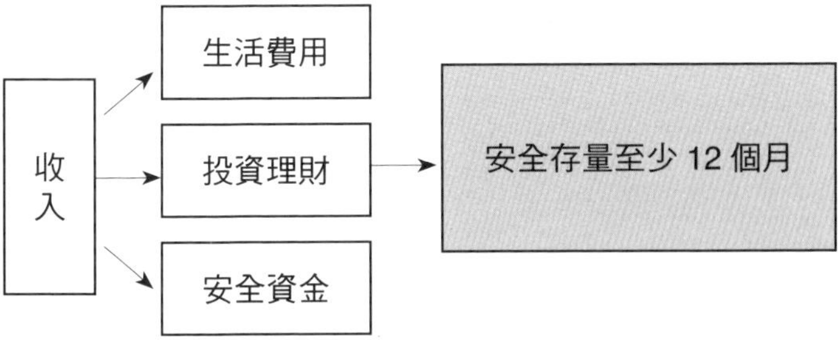

▶ 實用的基金報酬率計算工具

投信投顧公會網站首頁的右下方「基金報酬率試算」，提供了便利的基金報酬率試算的工具，不論是單筆或定時定額投資某檔基金，都可以利用該工具，計算出某段時期投資某特定基金的報酬率。

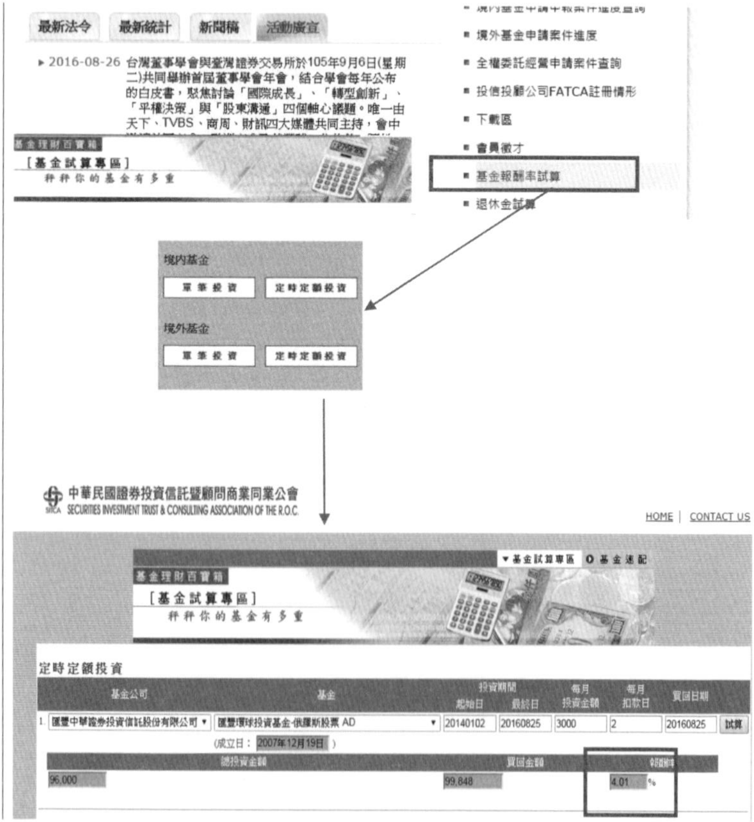

第6招

聰明賣基金：

停利與停損

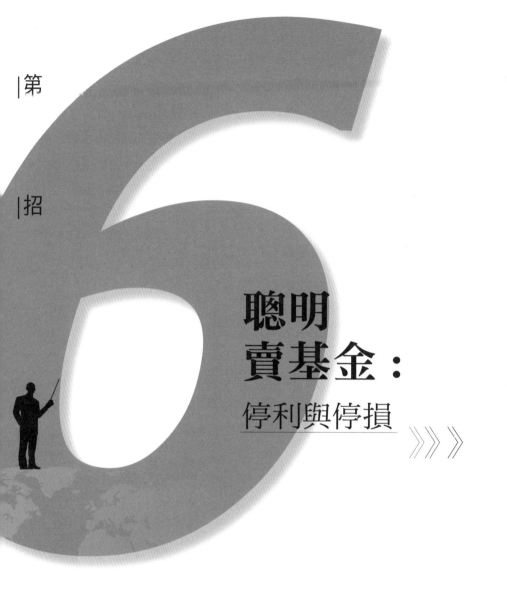

投資基金後，最讓投資人期待的一刻，自然是看到投資報酬率達到自己設定的停利點，然後賣出手中的基金，真實感受到自己的財富又增加了。

然而，投資人若要聰明賣出基金，有兩大條件需要做到，一是清楚了解買賣的規則，一是使用對自己有利的賣出方式。

▶ 以哪一天淨值計算，大有關係

首先，買賣的淨值是以哪一天計算，會實際影響到報酬率的多寡。目前由國內投信公司發行的基金，稱為境內基金，是以申購時的營業日的基金淨值為買進價位；賣出時則以隔一天的營業日的淨值為賣出價位；而由海外基金公司發行、國內基金總代理引進的境外基金，則一般是以申購或賣出營業日的淨值為買賣價位。

投資人注意到了嗎？我是用「申購營業日的淨值」而不是申購當天的淨值，為什麼？這是因為銀行、基金公司的營業日規定不一，例如有的是以當天下午 3:00 或 3:30 或 4:00 以前輸入，視當天為營業日交易，該筆交易為當天生效；如果是在當天下午 3:00、3:30 或 4:00 以後輸入，則視為次一個營業日之交易，也就是交易於次一個營業日生效。各家規定不盡相同，投資人買賣前要先了解清楚。

如果沒搞清楚營業日的規定，很有可能發生報酬率達到停利點，例如 20%，但贖回後卻發現不到 20%，甚至低不少的情況。而這可能是由兩方面的因素造成的。首先，投資人看到的報酬率是哪一天的淨值算出來的？投資人當天看到報酬率而下贖回單的淨值，可能是昨天、甚或前天、甚至更久前的淨值算出來而公告出來的，而這是因為投資的標的市場有時差，而且計算淨值也需要時間。

例如 2016 年 9 月 2 日早上看到某支美國股票型基金的報酬率是 20%，9 月 2 日早上看到的淨值卻不是 9 月 2 日的淨值算出來的，因為台灣的 9 月 2 日早上是美國的 9 月 1 日晚上，9 月 2 日股市還沒開盤下，不會有 9 月 2 日的淨值。而當 9 月 2 日美國股市收盤時，台灣已經是 9 月 3 日了。

其次，投資人贖回是依哪一天的淨值？如果投資人買的是國內投信公司發行的基金，依據法令規定，一般是以次一個營業日的淨值做為贖回淨值的計算標準，境外基金則是以下單日的營業日淨值為計算依據。而即使是當天的淨值，因為時差的因素，也要等到明天或後天、大後天才公告。況且，投資人如果是在當天營業日之後下的單，那麼贖回要到下一個營業日才生效，例如星期一下午 5:00 下的贖回單，會被視為星期二下的單。

又例如投資人在 2016 年 9 月 2 日（星期五）早上 11:00 下單贖回境內基金，此時贖回是依 9 月 5 日（星期一）的淨值計算，而 9 月 5 日的淨值，通常要到 9 月 6 日才會公告。

如果投資人在9月2日（星期五）早上11: 00下單贖回的是境外基金，雖然贖回是依9月2日的淨值計算，而9月2日的淨值也是要到9月5日（星期一）接近中午時間，甚至9月6日（星期二）、或9月7日（星期三）才會公告。

因此，如果標的市場，例如美國股市，在投資人下贖回單之後，股市出現劇烈的變動，有了較大的下跌修正，就會發生原先看到的報酬率有20%，但贖回時卻變成不到20%，甚至低很多的情況。

此外，如果投資人買的是外幣計價的基金，贖回款入銀行帳戶時，還有匯差因素的影響。所以投資人贖回前一定要先了解該報酬率是依哪一天淨值計算，再注意時間落差下，該段時間股市的漲跌情況，投資人就可以知道真正到手的報酬率會比較高，還是比較低了。

▶ 投資基金的成本

投資人多會在買進基金之後，就先決定好以多少的投資報酬率為停利點，然後期待著標的市場往自己設定的目標前進。雖然停利點的設定因個人的預期不同而異，但卻都是需要考慮到投資基金的成本，以及該標的市場的特性。

我們先來看看投資基金有哪些成本。基本上投資成本含有以下幾項：

名詞解釋

買賣基金的價格稱為淨值。淨值是每日計算、報價。計算方式是當日基金的資產總值扣除該基金的當日應支付的所有成本與相關費用，可得淨資產總值。淨資產總值除以當日發行在外流通的單位數，即得每單位淨值（類似股票的每股多少元概念）。

研究該買哪支基金所產生的時間成本

很多人花時間、心思在基金的績效數據，報酬與風險評比指標上，研究那些基金表現比較好、風險比較小，然後試圖找出可以為自己創造高報酬的優質基金，這些就是您花的時間成本。

投資人可以評估自己每個月花多少時間在基金投資研究上，例如投資人每月共計花 4 小時研究，然後以自己的時薪來計算，例如時薪是每小時 125 元，則每月的時間成本是 500 元，一年共計是 6000 元，每月定時定額 5000 元，一年共投入 6 萬元，那麼該時間成本佔申購金額的比重是 10%。當然投資人或許會說是休閒時間，成本可降至 1% 或 0，這可由投資人自行評估。

投入資金時點到出場的這段時間，因放棄這筆資金以其他方式投資所能獲利的成本，又稱機會成本。

一般而言，都是以無風險收益率當作基本的機會成本。無風險收益率是指把資金投資於一個沒有任何風險的投資標的所能得到的收益率。例如這筆資金都不做投資，放在銀行賺利息等，銀行利息就是投資這檔基金的機會成本。通常可以一年期銀行定存利率 或 10 年期長期公債殖利率來代表。2017 年台銀一年期定期存款利率約 1.15%，而美國十年期公債殖利率約 1.642%（2016 年 8 月）。

因買賣產生的費用，也是投資人需額外支付的費用，包括以下幾項：

1. 申購手續費：一般而言，申購基金需要支付的手續費約 1~3%，依不同類型有所不同，各家銀行、券商等基金銷售機構各有不同的優惠折扣。

2. 遞延銷售手續費：有些基金是申購時不需支付費用，若在約定時間內贖回，則需要依照時間長短收 4~1% 的手續費，超過約定時間贖回，則不需要支付手續費，此又稱為後收手續費。投資人需要非常確定在約定的時間內，例如 3 年，不會贖回基金，否則很可能因此付出更高的費用。

直接反應在基金淨值上，投資人無需額外支付的費用，包括以下幾項：

1. 轉換手續費：投資人因為不看好 A 基金，打算把 A 基金換成同一家基金公司旗下的 B 基金，此時只要支付轉換手續費 0.5%。另外，銀行等代銷機構有時還會額外收取約 500 元左右的轉換手續費用（這是額外要支付的）。

2. 信託保管費：銀行辦理指定用途信託，從投資的第二年起，每年收 0.2% 的保管費，依各家規定不同。

3. 基金管理費 : 由基金公司收取，貨幣型基金最低、債券型基金次之，股票型基金最高，約 1.5%。

4. 保管費 : 支付給資產保管機構（保管銀行）的費用。

其他費用：

1. 匯率風險所產生的損失：持有外幣計價基金的投資人，當匯率變動時，有可能會吃掉台幣的獲利，造成實質上的損失。 例如以台幣 5000 元買進一檔美元計價基金時 1 美元可換 30 元台幣，此時台幣 5000 元約可換 166.67 美元，再以此除以申購日淨值，即為申購的基金單位數，若賣出基金時，台幣升值，變成 1 美元只能換 28 元台幣，假設贖回的金額剛好是 166.67 美元，約可換回 466.76 台幣，單以匯率角度來看，代表買貴但賣便宜了，匯率變動所造成的損失約 7%。

2. 通貨膨脹率：目前全球利率多在 1~2% 上下的水平，投資人可依個人喜好，決定是否加入計算。

▶ 停利點至少要高於交易成本

因內扣的費用已經從淨值反映，所以停利點設定多以考慮外扣費用與其它費用即可，即時間成本、無風險收益率、申購手續費、應承擔的匯率風險、通貨膨脹等。其中的時間成本與匯率風險是變動因子，因人而異也不容易估算，所以有些投資人不將其列入考慮。

因此，最基本的投資成本比率 = 1.6%（無風險收益率）+1.5%（申購手續費）+1%（通貨膨脹率）=4.1%。如果把變動因素加進來，則最高的投資成本比率 = 10%+1.6%+1.5%+1%+7%=21.1%。提醒投資人，不論是 4.1% 或 21.1%，都是年報酬率。需要再依實際獲利時間來折算，例如從買進到賣出獲利時間是 6 個月，則概估總投資成本比率是 2.05% 與 10.05%。

換句話說，當對帳單上基金投資報酬率高於 2.05% 或 10.05% 時，投資人才有真正實質的獲利，這也是停利點需要設定在 2.05% 或 10.05% 以上的原因。

至於要設多少，得再考慮該標的市場平均的整體報酬情況。一般而言，愈積極、波動愈大的市場，基本上可設定愈高的停利點，例如新興國家股市波動性高於成熟國家股市，而單一國家基金報酬率的波動性高於區域型，區域型又會高於全球型。

綜合投資成本與標的市場的漲跌特性後，抓出一個合理的平均值，投資人再依照自己是保守、穩健或積極等屬性，於合理範圍內增減。

此外，在停利點的實務操作上，還有兩種情況會發生，說明如下：

1. 停利點到但絕對金額很低：例如投資人達到停利點 20%，決定要獲利出場，但卻發現絕對獲利金額是 3600 元，投資人要不要贖回呢？這完全由投資人自己決定。如果投資人想要嘗嘗賺錢的感覺，就可以先獲利出場。若覺得賺太少，也可以放著繼續扣款，耐心等到下一個市場循環，到時候投資金額變大，達到停利點的獲利金額就會增加很多。

2. 停利點是以絕對金額來設，還是報酬率來設比較好？ 這其實沒有標準答案，完全依據投資人的個人喜好而定。如果投入的資金大，例如 100 萬元，10% 的報酬率是 10 萬元，那麼投資人也可以考慮以絕對金額來設立停利點，畢竟一次賺進 10 萬元，來回多次操作，獲利也是相當可觀。

▶ 停利的不同出場做法

投資基金就是要獲利、累積財富。因此，為了達到能獲利出場而非賠錢出場！資金安排就變得非常重要，資金夠，就有等待獲利的條件，也就是以停利不停損為目標。接下來我們就來看看停利點到時的幾種操作方法。

1. 立即全數出場

這麼做的原因有 2 個：（1）是經由長時間等待，終於達到獲利出場時點，但投資人對於該標的市場，未來一段時間並不看好，所以見好就收，轉戰其它市場。（2）該筆資金另有其它用途。

假設 2014 年 12 月（見圖表中 *）進場買進巴西股票型基金，一路漲了 5 個月後，就開始一路往下，最低跌了近 2 萬點，因為在 4 萬 5 千點以下，加碼申購金額，終於在 2016 年 4 月達到停利點而賣出，考慮巴西政經混亂，所以全數出場，先離場觀望。

■ 巴西股市走勢圖

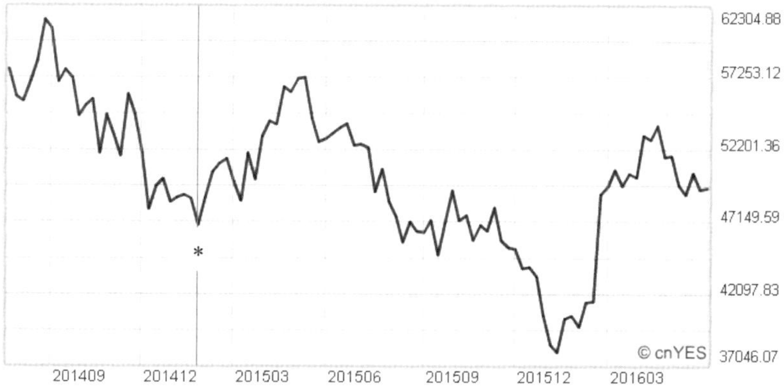

圖表資料來源：鉅亨網

2. 分批出場

此方法適用於單筆或是整體投資金額很大的情況。因為能買在最低點，賣在最高點，是運氣，而且是事後才會知道。

假設投資人有 100 萬，於 2011 年單月分（下圖黑框處），共分 5 次買進印度股市，每次單筆買進 20 萬，買進指數位置皆在 15500 點上下。設定 20% 為第一次出場點，之後每增加 20%，就出場一次，亦即約 18600 點以上，就可以分批開始出場。或者投資人可以只分 2~3 次出場。

■ 印度股市走勢圖

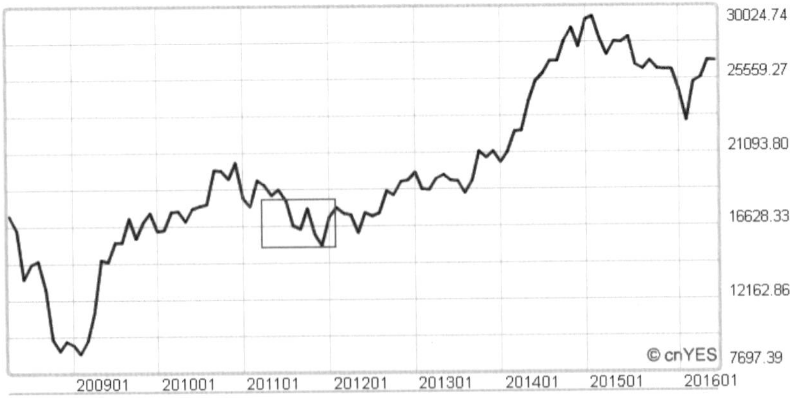

圖表資料來源：鉅亨網

3. 單筆先出場，定時（不）定額再出場

此方法適合同時以定時（不）定額、單筆投資同一檔基金的投資人。如果投資人先以定時（不）定額進場買進，然後在該基金下跌一定幅度，例如 15% 或 20%，再單筆進場買進。

然後隨著市場反轉而上，基金漲幅達到設定的停利點，此時，如果投資人預期股市仍有上漲空間，建議可以先將單筆賣出，獲利入袋。這麼做的好處是，當市場還是一路往上，因為還有定時（不）定額的部位，投資人不會錯過後面的獲利機會。

而如果市場出現修正，因單筆已經獲利出場，投資人一方面可以持續定時（不）定額投資，而手中也有一筆資金可以利用。

4. 獲利部分出場，原始資金部分繼續留著

當達到設定的停利點，投資人一定不可猶豫，立即獲利出場，嚴守投資紀律。然而，如果投資人還是持續看好該標的市場的表現，就可以只將獲利的部分贖回。仍維持原先投資的資金。例如停利點一到，投資金額是 30 萬元，超過 30 萬元的部分就可以賣出，獲利落袋。

投資人也可以依照自己的資金規劃，決定留多少比例下來，例如贖回 9 成的金額，留下 10 成的資金，然後繼續定時（不）定額扣款。或是考慮定時（不）定額累積的投資金額不夠多，投資人只將獲利贖回，繼續累積投資金額。

至於部分出場的比例該怎麼抓？投資人需要考慮二項因素，一是個人資金安排，例如是要充實預備金、投資其它基金，或增加定時（不）定額的扣款金額等等。另一個是需要考慮未來市場的表現，例如預期該市場再漲空間有限，標的市場的個性也非急跌急彈特性，通常在底部盤整常需要一段較長時間等等，投資人就可以只留下銀行、基金公司、券商規定的最低帳戶額度金額，然後將其它的資金贖回。

名詞解釋

最低帳戶額度。基金公司或銀行都有該規定。有些銀行會規定原始的投資本金要達 20000 元，才能辦理部分贖回，而且帳戶餘額不能低於 10000 元，否則就只能全數贖回。也有基金公司規定境內基金剩餘市值不得低於新台幣 30 元，境外基金則為新台幣 250 元等等。

提醒投資人，除了最低帳戶金額的規定外，也要留心短線交易的規定。目前基金公司的規定不盡相同，一般而言，境內基金持有未滿 7~30 日曆日贖回基金時，基金公司將會收取 0.01%~0.5% 的短線費用，而某些境外基金在必要時，還可以拒絕投資人的贖回，投資人贖回基金前要先清楚相關規定。

▶ 5. 滾入再投資

當投資人獲利出場時，手中就有一筆閒置的資金，此時，可以考慮以下做法，來繼續投資增值。一是拉高暨有定時（不）定額扣款基金的金額。例如原本定時（不）定額時，扣款金額是 3000 元，現在手上有了一筆因投資獲利的資金，可以把定時（不）定額的金額提高，例如 5000 元。

由於定期（不）定額強調的是，若看好該市場與基金，即使獲利出場也不要停扣，透過長期平均成本效果來攤低成本風險。因此，另一種做法是，如果贖回時，投資人預期股市位置可能在相對高點，投資人可以將該筆資金分 24~36 個月分批投資，因為贖回之後再度投資該標的市場時，初期可能還是正報酬，但可能一段時間後，就會出現負報酬。此時，投資人可以把準備在後面要扣款的錢，提前拿來加碼，不論是單筆買進，或拉高定時（不）定額的金額，直到報酬率轉為正報酬。

最後一種做法，就是做為單筆投資的資金。當市場出現大崩跌，例如 2008 年金融海嘯危機、或巴西於 2015 年第 4 季的大暴跌，投資人可以危機入市，才有機會快累積財富。

▶ 實際案例 A

以巴西股票型基金為例，巴西股市的特性是波動劇烈，下跌與上漲速度快，因此投資人只要看到巴西股市下跌的幅度夠深，例如 30% 以上，單筆就可以進場；也因為巴西股市上下波動劇烈的特性，相對適合定時（不）定額投資，可以充分發揮長期平均成本的效益。至於停利出場，則依據對市場未來的預期、股市位置，股市特性等，不同時空背景下，可以有不同的做法。

1. 立即全數出場

如果投資人達到停利點後，基於對未來一段時間的巴西股市不看好，加上目前股市位置位於相對高點，因此把基金賣出，全數出場。

2. 分批出場

如果巴西股市處於才剛起漲一小波段，且股市位置是在相對低點的情況下，投資人若不看壞巴西股市未來表現，就可以根據原先設定的 20% 為停利目標，採取每賺 20% 就贖回三分之一，分 3 次出場，但持續定時定額扣款。

3. 單筆先出場，定時（不）定額再出場

如果股市才起漲一波段，股市並未在相對高檔的位置，單筆投資的獲利就達停利點 20% 時，單筆投資就先獲利出場，之後定時（不）定額每達 15%，就贖回三分之一，直到全部贖回，但定時定額持續扣款。如此，不管未來股市漲或跌，投資人都可以放心的繼續投資，而手中也多了一筆資金可以運用。

4. 獲利部分出場，原始資金部分繼續留著

如果股市已漲一大波段，股市位在相對高檔的位置，但是投資人覺得定時（不）定額本金累積的還不夠多，基於巴西股市漲跌速

度快，投資人可以先將獲利的部分先出場，但繼續累積本金，來賺下一波行情。

5. 滾入再投資

當投資人獲利出場後，手中的資金可以有以下做法，拉高巴西基金定時（不）定額扣款金額，或者等巴西股市跌幅超過 30% 時，單筆進場加碼。

■巴西股市波動劇烈，適宜採用定時（不）定額方式投資

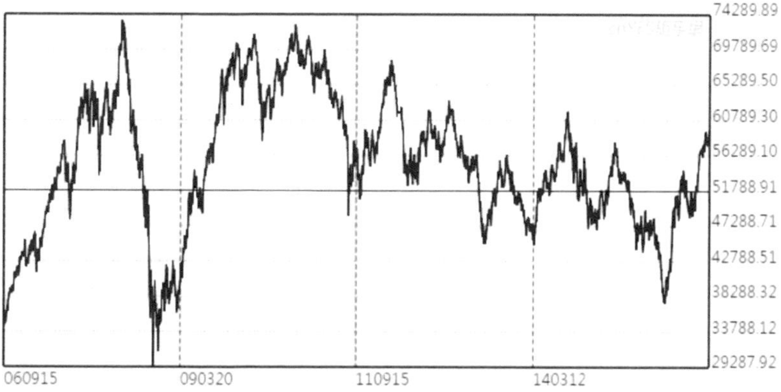

圖表資料來源：鉅亨網

■ A巴西股票型基金淨值走勢圖

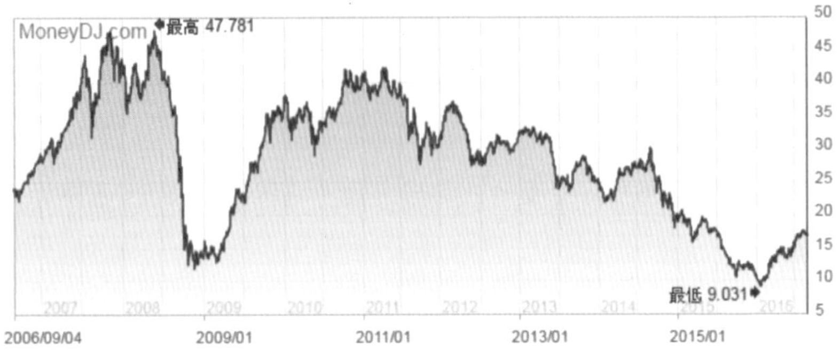

圖表資料來源：MoneyDJ

■巴西股票型基金報酬變化大

時間	約當月數	巴西股市漲跌（%）	A巴西股票型基金漲跌（%）
2008.6.2~2008.10.24	4	-57.6	-73.0
2008.10.4~2010.1.11	14	130.8	188.0
2010.4.9~2011.8.5	9	-30.0	-17.3
2011.8.5~2012.3.6	7	31.0	13.1
2012.3.6~2012.6.24	3	-20.0	-22.8
2013.1.7~2013.7.3	6	-29.0	-23.2
2014.3.13~2014.9.2	6	38.0	29.9
2015.5.6~2016.1.20	9	-38.0	-48.5
2016.1.20~2016.8.16	7	60.0	78.3

▶ 實際案例 B

假設於 2014 年 5 月的高點進場買進歐洲大陸基金，而且根據基金的淨值波動表現，投資人發現 2015 年中起，歐洲大陸基金淨值波動幅度多在 7~8%，如果投資人不看好歐洲大陸市場的未來表現，希望停利出場，作法如下：

1. 定時（不）定額 + 單筆投資

單筆加碼時機為波段淨值跌幅達 7% 以上，單筆出場時機為波段淨值幅度達 10%；定時定額報酬率達 10%，全數出場。

2. 單筆投資

單筆加碼時機為波段淨值跌幅達 7% 以上，波段淨值漲幅達 10%，全數出場。

3. 定時（不）定額投資

如果可以，當淨值跌幅達 7% 以上，拉高定時（不）定額投資的金額，而當報酬率達 10% 時，全數出場。

■ B 歐洲大陸股票型基金淨值走勢圖

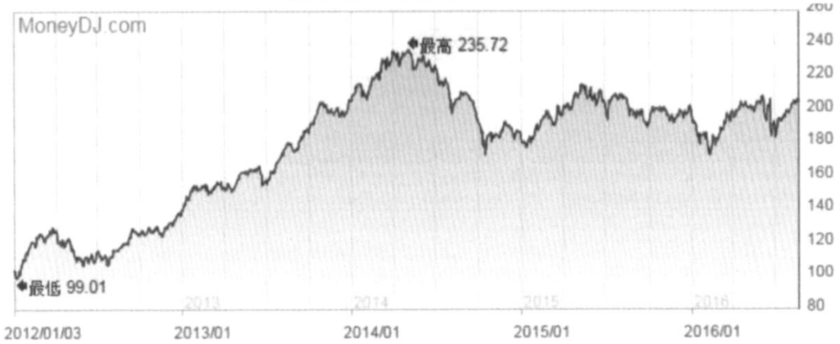

圖表資料來源：MoneyDJ

▶ 實際案例 C

以某 C 台灣中小型股票基金為例，台灣股市波動大，漲跌快速，尤其中小型股漲跌幅度大且漲跌速度快。因此，投資該基金，建議是以定時（不）定額方式投資，並且根據台灣股市與基金淨值漲跌幅度，建議當股市或基金跌幅達 -30% 時，為單筆加碼時點。

當單筆獲利達到停利點 30% 時，就可以先獲利出場；定時定額部分，獲利達 30% 以上，將獲利部分贖回，原始本金留著，並且繼續定時定額扣款。

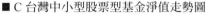

■ C 台灣中小型股票型基金淨值走勢圖

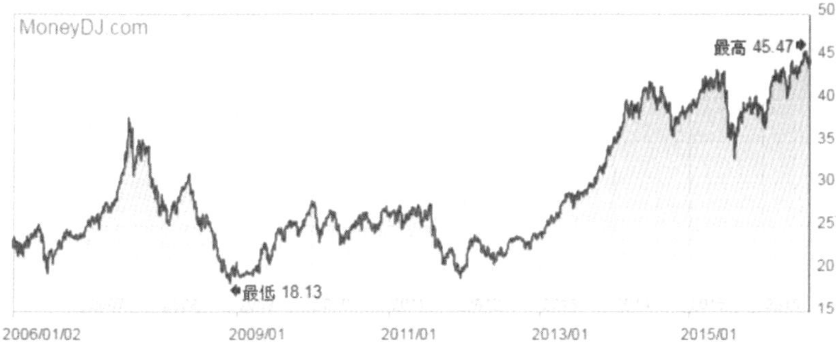

圖表資料來源：MoneyDJ

▶ 非必要，不考慮停損

市場本就高低循環波動，配合本書所建議的買賣操作方式，善用低檔加碼，通常在一定時間下，都可獲利，只是獲利多少的問題。因此不建議停損出場。然而，如果發生以下 3 種情況，依然需要認賠出場。

1. 需要用錢：急需用錢情況下，賠錢已經不是主要考慮，投資人先賣出基金，把錢拿到手才是當務之急。此時就要特別注意贖回款入帳的時間。一般而言，國內股票型基金贖回日大多是 T+3 日（T 為下單贖回日），投信發行的海外基金介於 T+3 至 6 日不等，一般境外基金贖回後約需 7~10 個工作天才能收到款項。

因實際天數要看各家銀行與基金狀況而定，投資人可以直接向基金公司或往來銀行查詢，建議有資金需求的投資人盡量及早規劃。

2. 理財需求與目標改變。例如隨著退休時間到來，原先過於積極的投資組合需要調整為穩定偏保守，改以平衡型、公債型基金或能月配息的基金為主。

3. 基金績效表現不如同類型基金，而且 6 個月以上時間都落在後面的四分之一或三分之一的區塊。

▶ 境內、外基金稅負規定不同

基金投資的稅負，境內與境外基金並不一樣，說明如下：

1. 境內基金

由國內投信公司發行的基金，在國內註冊，以國內投資人為銷售對象，投資標的市場則可以是台灣股市或海外股市，投資獲利的資本利得（價差）部分，無須課稅。

不過，申購的基金如果是配息基金，配息的金額中，除資本利得外，需要被課稅。例如，投資人每月從基金中分配到 100 元的利息收入，這 100 元中有 20 元來自資本利得，其餘 80 元來自利息收入、現金股利、已實現股票股利等。這 80 元就要被課稅，併入每年 27 萬元免稅額度內計算。

2. 境外基金

最低稅負制下，境外基金的資本利得與收益分配均需納入課徵範圍，但兩者加起來必須超過門檻新台幣 100 萬元，才需要申報「基本所得稅額」。只是，單一申報戶全年之海外所得合計數沒有達到新台幣 100 萬元，就不用計入「基本所得額」。

而就算單一申報戶全年海外所得超過新台幣 100 萬元，海外所得應該全數計入基本所得額，但因為個人在最低稅負制當中，基本所得有新台幣 600 萬元的扣除額，因此只要基本所得額未超過新台幣 600 萬元，投資人還是不需要繳納基本稅額。

第7招

掌握崩盤時：

下跌 30% 後開始加碼

「行情總在絕望中誕生，在半信半疑中成長，在憧憬中成熟，在希望中毀滅。」這句知名的華爾街名言，從來沒有失靈過。因為不論市場怎麼走，當我們一再回顧時總會發現，投資市場的劇本主軸就是如此，只是主角、配角不同而已。

▶ 股市崩盤長什麼樣子

筆者經歷過 3 次股災，分別是 1997 年的亞洲金融風暴、2000 的科技泡沫，以及 2008 年的金融海嘯。回顧這 3 次股市從高點的大回檔，環境背景或許不盡相同，但是漲了一大波段卻是相同的戲碼。

1997 年亞洲金融風暴

這次的金融風暴起因於以喬治・索羅斯所操作的量子基金為首的各國際投機客，於 1997 年 5 月開始對泰銖（THB）發動攻擊，亞洲新興國家的貨幣，包括泰銖、印尼盾、馬來西亞幣、菲律賓、新加坡幣、韓圜、台幣、港幣等兌美元匯價狂跌。

貨幣大幅貶值的骨牌效應，是多數國家以美元計價的國民所得下跌了 50%，經濟不景氣，房市與股市也大幅走低，亞洲新興國家經濟體兵敗如山倒，以泰國股市為例，短短 1 年多就跌掉了 62%，而身為亞洲四小龍之一的台灣，1 年多的時間約修正了 46%。

當時，亞洲國家的元首都把索羅斯當做頭號敵人，因為索羅斯毀了他們多年來苦心建立的經濟成果。更有一些國家，甚至出現無法償付債務的情形，加上發生避險基金財務槓桿過度使用而倒閉等事件，亞洲金融風暴蔓延全球，美國與歐洲政治與經濟都受到程度不一的波及，美國與歐洲的金融市場無法置身事外。

■泰國股市 1 年多的跌幅達 62%

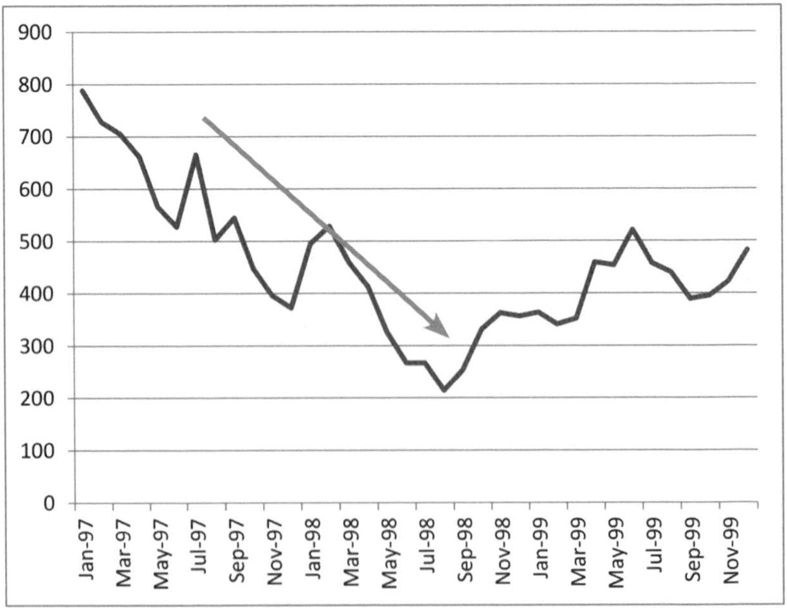

圖表資料來源：泰國證交所

■台灣股市也無法躲過亞洲金融風暴的襲擊

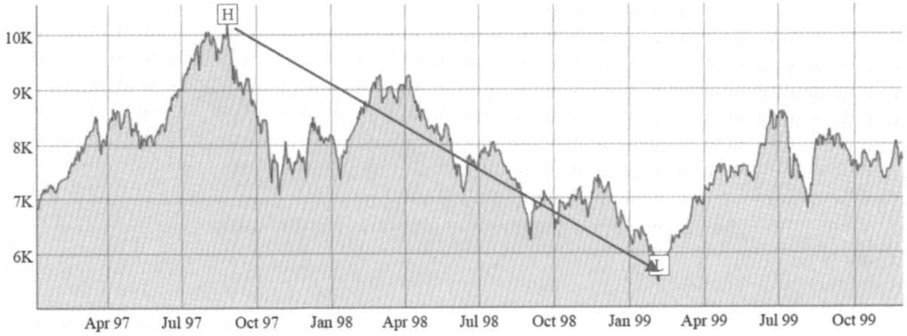

圖表資料來源：www.luckstar.com.tw

2000 年科技股泡沫

1995 年起 WWW 開始在全球普及，接著 Netscape、IE 受到廣大消費者的歡迎。消費者大量使用的情況下又帶動了相關科技產業的發展與高速成長，「科技新貴」一詞就是形容當時搭上科技產業的創業熱潮，或是公司名稱加上 .COM，就會從平民變成富翁的情況。

不只是全民瘋科技、網路，1996 年 6 月那斯達克指數也一路明顯走揚，而且歐洲、亞洲多個股票市場中，互聯網以及資訊科技相關企業的股價也都是持續大漲。科技股的熱度終於在 2000 年 2、3 月達到頂峰，波段漲幅達 2.66 倍，歷時 3 年餘。但是物極必反，美國那斯達克指數反轉下跌，投資人信心潰散，波段跌幅高達 76.6%，股災歷時 1 年又 9 個月。

當時，科技股居要角的台灣股市也是嚴重受災區，台股崩跌了 66%，最低來到 3446.26 點。許多因為科技泡沫而賺大錢的投資人，在科技派對中太狂歡忘我，來不及離開這場盛宴，都被打回原形，投資人只當自己做了一場美麗的科技股泡沫大夢。

■那斯達克指數崩盤，埋葬了許多科技新貴與股民！

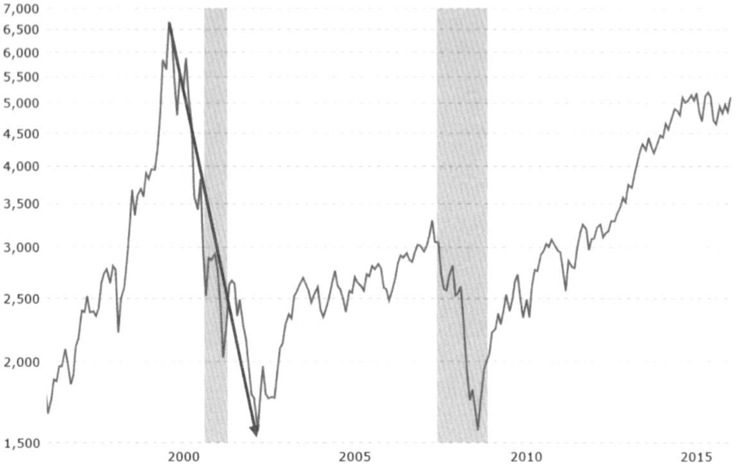

圖表資料來源：macrotrends

■科技泡沫破滅，台股跌了 66%

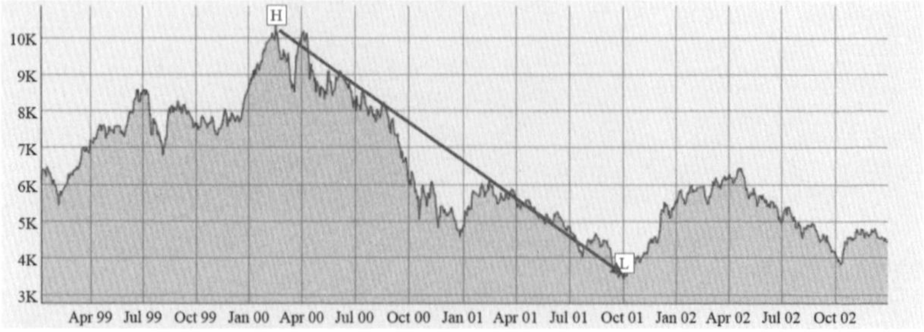

圖表資料來源：www.luckstar.com.tw

2008 年全球金融海嘯

這場風暴的中心是美國。由於網際網路泡沫的衝擊，美國的失業率升高，總體經濟陷入一片愁雲慘霧。當時的許多經濟學家預言，美國的經濟將要進入停滯。前聯邦準備理事會主席葛林斯潘為了救經濟，採取了漸進式地調降利率做法，將利率從 6.5% 一路調低至 1%，藉由低利率來引導資金進入市場，來刺激經濟繁榮。

果然，低利率刺激了投資、借貸與消費，美國房地產市場、民眾借貸與消費的金額迅速增高。資金氾濫下就容易有不堪的、危險的因子蠢蠢欲動。當時，美國金融市場的情況是，一方面將房地產抵押債券等包裝成新金融商品，並且成為投資界的新寵，各種內包與外裝不合的新金融商品大行其道。

另一方面，葛林斯班為了抑制過熱的經濟，開始反向調升利率，許多因為利率低而大量借錢買房子的民眾，繳不出房貸，導致美國房貸的壞帳比例開始迅速上升。當惡化現象不斷加溫而達到普遍現象時，房貸危機就正式爆發。

不只美國房貸市場火熱，同一時間新興市場也是鬧熱非凡。由於原物料價格持續不斷上揚，中國、巴西、印度、俄羅斯這幾個深度受益於原物料產業榮景的金磚四國，經濟持續亮眼表現，股市也從低檔一路往上飆漲，當時幾乎每個投資人手中都抱著金磚。

網際網路的普及，引爆全球化浪潮，連結了全球金融市場。因此，當美國的房貸風暴失控時，很迅速地引發了全球金融市場的連動，不僅是美國本土的大型金融機構受創，亞洲與歐洲許多金融機構也是同樣遭殃。

從大型金融機構到一般投資大眾的信心，都因為次貸風暴的襲擊而崩潰，大漲數倍的的金磚四國，以及美國等全球主要市場，都至少腰斬一半。

■葛林斯潘以利率調控美國經濟榮枯，卻不小心引爆次貸風暴

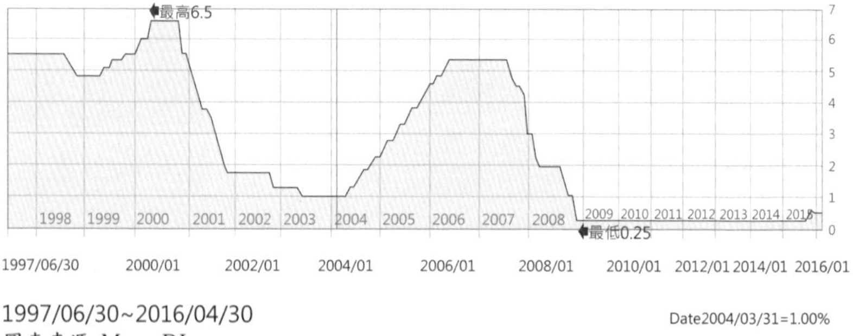

圖表來源 :MoneyDJ

從這些股災來看，先不論技術指標是不是出現反轉訊號。單以市場現象來判斷，我們可以發現股市觸頂並回檔修正的幾個特徵。包括：

1. 金融市場（股市、匯市等）已經有一段長時間的上漲，或漲幅已大。如果該國家的經濟體質不足以支撐現有的指數、匯率等水平，就容易出現反轉與修正。

2. 投資專家言論樂觀。投資經驗與研究資源比一般投資大眾多的專家都看好，當然會對市場具有一定的影響力。只是影響力是不是能夠支撐漲多的股市，專家們說的與做的是不是一致，又是另一個問題了。

3. 投資人信心高漲。群眾是盲從的，人心也是善變的，當樂觀氣氛不斷渲染下，投資人容易短暫失去理智，持續追高買進，憧憬且希望股市會一路往上漲，所以才有「行情在憧憬中成熟，在希望中毀滅」這句話。

4. 市場資金氾濫。2009 年金融海嘯後，美國、日本、歐洲採取低利率政策，實行量化寬鬆，不斷的印鈔票往金融市場裡面倒，造就了 2009 年來至 2017 年的股市榮景，這是投資人目前正在經歷的、活生生的例子。

▶ 2016 股市驚驚漲，接近歷史高點

那麼我們來看看，2016 年的市場的表現又是如何呢？ 2016 年主要市場的波動幅度依然劇烈，美國股市雖未站上 2 萬點大關，但僅約相差了 237 點。全年漲幅雖然僅有 13.42%，全年高低點的差幅卻達 26.2%。台灣股市與美股的表現雷同，也沒有站上 1 萬點大關，全年漲幅 10.98%，但全年高低點的差幅則有 22.56%。

德國、巴西、印度、日本的全年表現以及高低點的幅度，差距非常顯著。德股全年雖僅有 6.87% 的漲幅，但高低點的差幅卻有 31.17%；日股全年是平盤表現，然而高低點差幅高達 30.38%；中國股市最誇張，即便全年下跌了 12.31%，但全年高低差幅卻有 23.62%。

2016 年股市的大幅震盪或驚驚漲，使許多投資人錯失獲利機會，大嘆投資獲利難度大增。

除了中國股市，各股市皆已接近歷史高點

股市	2016 年最後交易日收盤指數	2016 年全年漲幅（%）	2016 年高低點差幅（%）	歷史高點（高點日期）
美國道瓊工業指數	19762.6	13.42	26.20	18167.23（2016年4月）
德國Xetra DAX指數	11481.06	6.87	31.17	12374.73（2015年4月）
日本日經225指數	19114.37	0.42	30.38	20868.03（2015年6月）
中國上證指數	3103.64	-12.31	23.62	6092.057（2007年10月）
印度BSE30指數	26626.46	1.95	26.55	29681.77（2015年1月）
巴西Bovespa指數	60227.29	38.93	73.08	73439（2008年5月）
台灣加權股價指數	9253.50	10.98	22.56	12682（1990年2月）

說明：歷史高點以收盤價為基準

那麼投資人能不能在 2017 年有個豐收的好年呢？畢竟美股在 2017 年年初突破 2 萬點，台股也似乎朝著萬點目標邁進，加上許多專業投資機構發布的 2017 年市場展望報告也多顯示，主要股市於 2017 年依舊漲升可期。

高盛就預估，2017 年全球經濟成長將由 2016 年的 3%，增加至 3.5%，成熟經濟體的成長將自 1.6% 增長至 1.9%，新興市場經濟體的經濟成長率也將由 4.3% 提高至 4.9%。而近年來帶動經濟成長的超寬鬆貨幣政策也在 2017 年交棒給財政政策，來支撐景氣進一步的復甦，換句話說，全球將由資金行情進入景氣行情。

至於最看好的投資市場，眾專家皆因看好川普經濟學而一致推薦美國股市。日本股市則因為持續量化寬鬆弱化日圓，而日圓的貶值是有利於通貨膨脹與企業的競爭力，因此日股與日幣同步被看好。

新興市場部分，如果通貨膨脹真的捲土重來，貨幣政策應該會轉向更中性，財政政策將持續寬鬆，整體大環境相對 2016 年變得更加有利金融市場的發展。雖然中國、印度這兩個新興市場大國，經濟結構的調整將持續於 2017 年進行，短期的不確定性跟著大為增加，但專家們表示，中長期的發展可以樂觀期待。

以印度為例，印度廢除大額鈔票的規模前所未有，預期將放緩未來幾個季度的整體經濟成長率，但市場也預期，2017 年下半年有很大的機會恢復經濟增長的動能，畢竟印度政府的舉措，正宣示了經濟改革進程正在加快腳步。

專家看主要市場，偏樂觀

市場	前景預測
成熟經濟體（美國、德國、日本）	1. 川普經濟政策已由「不確定」的預期轉為「成長」預期。川普政府的財政刺激很有機會獲得國會核可，有利於推升美國經濟。 2. 美國企業已走出「營收衰退」之潮，並在全球經濟站穩腳步以及油價回升幫助下，營收成長前景可期。 3. 減稅、基礎建設支出、國防支出等經濟議題，為川普政府的優先事項，這些政策皆有助於推升通貨膨脹。 4. 美國啟動升息循環，而且經濟成長率、就業報告、房市指標等經濟數據也多朝樂觀趨勢發展。庫存水準偏低的美國企業有機會帶動訂單需求，也有利於全球生產設備的投資，發揮經濟火車頭的功能。 5. 英國脫歐的變動因子已被市場接受，不足以成為威脅全球經濟成長的變數。 6. 2017 年保護主義的實際發展狀況，將影響全球金融市場，尤其是日本。 7. 受惠於貨幣和油價的走勢，日本有機會走出通縮壓力。同時，日本企業盈餘進入正向的循環，日圓走弱將更有利於出口企業盈餘的表現。 8. 雖然歐洲多個國家大選，即便有干擾，預期影響性將下降。
新興經濟體（中國、印度、巴西、台灣）	1. 若房地產降溫順利，中國經濟可望軟著陸，將有效降低對全球經濟的干擾。 2. 人民幣的貶值幅度會超出市場預期。 3. 油價開始回升，新興市場經濟與幣值都可望恢復穩定，重新為全球經濟燃起新柴火。 4. 經濟熄火多年的金磚四國（巴西、印度、中國、俄羅斯）若可一方面受惠石油與原物料行情復甦，一方面重振內需動能，將更有助於全球經濟回溫。

資料來源：各研究機構、證券商、投信

▶ 看空者聲音消失？小心危機罩頂

從以上各機構的看法以及媒體新聞報導中可以發現，利多消息多於利空消息，而就算是利空消息，詳看內文則發現也是偏向「審慎樂觀」，讓人不禁懷疑，是真的沒有利空，還是利空被淡化了？

例如除非全球通膨突然大暴走，否則美國央行仍然是緩步升息的速度；又或者雖然全球股票從價值面來看，沒有太多的吸引力，畢竟多數主要市場的本益比都已經在過去 10 年平均值之上，利率上升造成評價可能被壓縮，股市動能也許會受到影響等等。

回溯至 2015 年 9 月，當時美國道瓊工業指數剛從 18000 多點的高點回檔修正，專精資產泡沫研究的諾貝爾經濟學獎得主席勒（Robert Shiller）接受了《金融時報》專訪，他表示市場信心指數顯示投資信心走疲，但美股指數與本益比卻持續走高，這代表著投資人儘管認為股價偏高卻仍然持續買進。

該情況顯示，美股的上漲並不是投資人樂觀情緒所驅動，而這種情況類似於 2000 年網路泡沫的前夕。因此，席勒不看好美股前景。誰知，美股雖有修正，但卻依然一路往 2 萬點的方向前進。

接下來，2016 年 8 月時，美國道瓊工業指數再度回到 18000 點之上，而且很可能站上 19000 點，此時市場上一些看空的專家與專業機構又開始紛紛發表言論，例如從 2013 年來每年都唱衰美股的末日博士麥嘉華表示，美國標準普爾 500 指數或許會先攻上 2300 點，但因為企業盈餘不再成長，不利股市動能，一旦反轉，跌幅可能逾 50%。

商品投資大師羅傑斯也極度悲觀，他說當前市場全靠央行印鈔票來延續多頭走勢，一旦印鈔結束時，股市可能崩盤 80%，未來或許會是投資大眾此生從未見過的慘況。金融巨鱷索羅斯則在 2016 年第一季開始放空美股，8 月中再加倍放空美股……。然而，美國道瓊工業指數也只是再回檔修正，即便川普當選美國總統，以及聯邦準備理事會如預期升息一碼，也無法影響它的漲勢，一路朝 2 萬點前進。

2016 年底、2017 年初，美股離萬點僅 237 點的距離，看空專家的聲音卻不見了，甚至原本看空的專業機構也轉向，例如 2016 年 8 月，基於股市評價過高以及企業財報成長疲弱而看空美股的高盛與摩根大通，在 2017 年的市場展望報告中改口，調高美國上市企業 2017 年的獲利預測，或是認為企業的盈利將加速增長。

高盛與摩根大通看好美股的理由是，川普上台後將實施減稅，促使跨國企業將海外的現金匯回美國，同時還會推出其他財政刺激方案等，這些都有利於企業提升獲利。而盈利加速增長以及能源行業每股收益正常化均可能在短期之內支撐股市的評價。

名詞解釋

公債殖利率

殖利率與債券價格是反向關係，如果投資人預期美國聯邦準備理事會未來會持續升息，購買十年期這類長期公債時，就希望補貼的利率水準會更加提高。美國是全球最大經濟體，美國十年期公債殖利率普遍被市場認為是零風險利率，也是流動性與安全性最強的公債，是保守資金的最愛。

當利率處於低檔，甚至是負利率時，會把保守性的資金從債券市場趕出來，轉而流向股市，這是因為投資公債並持有到期，不但沒有利息可拿，還可能賠掉本金。而現在美國聯邦準備理事會已經啟動調升利率的步伐，公債殖利率將同向反應。而當債券的利率越高，股市承受的壓力就越大。因為債券利率高於通貨膨脹率和股票股利時，投資大眾就會選擇債券。反之，投資人願冒更大的風險，投資股票。因此，債券市場利率愈高，可供股票市場利用的資金愈少。反之，則愈多。因此，債券是股票的資金競爭者。

甚至已有專家開始喊出美股看 3 萬點。投資專家騰格勒（Nancy Tengler）表示，道瓊工業平均指數很可能於 2017 年觸及 2 萬點大關，並可能在未來 4 到 5 年內進一步攀升至 3 萬點。而這樣的預期，是基於美國總統川普上台以後採取「親增長」的經濟政策。

唯一需要留意的是，如果聯邦準備理事會於 2017 年進行 2 至 4 次的利率調升，導致債券收益率繼續上升，例如美國十年期公債殖利率走揚，那麼股市可能因為資金排擠的效果，股市評價將可能受到壓力，導致股市漲勢受阻。

▶ 潛在黑天鵝或將擾亂市場

當然投資人都樂見投資市場一片欣欣向榮，美股、台股也許都會見到預期中的萬點行情，其他市場也可能創下歷史新高點。然而，投資市場有個簡單的邏輯，卻是投資人需要留意的，那就是「漲多就是修正的理由」。

更何況，根據歷史經驗顯示，金融市場經常有跌破眼鏡的意外演出。例如，2008 年中由美國次貸風暴引爆的全球金融海嘯，當時許多專業投資機構都在 2008 年底、2009 年初時提出預測，強調新興市場會與成熟市場脫鉤，換言之，新興市場受到的影響不會太大，然而事實證明，全球主要金融市場無一倖免，火紅的金磚四國股市都至少腰斬，金磚也從此變成土磚。

鑑往知來，我們還是要多注意、追蹤觀察 2017 年潛存著的許多隻黑天鵝，整理如下：

1. 3 月時的英國脫歐後續發展。英國可能觸發「理斯本條約第 50 條」，這項法條是退出歐盟唯一合法的途徑，列明歐盟成員國如欲退出，相關的規例、程序和期限。歐盟成員國領袖在 2016 年 12 月 28~29 日召開歐洲理事會，討論英國脫歐公投的結果。

英國首相卡梅倫向歐洲理事會發出聲明，要求退出歐盟，啟動第 50 條，之後雙方會展開漫長的談判，內容包括外交、簽證、關稅、金融貿易條約等，協議需要歐盟成員國同意以及歐洲議會通過，談判期限以 2 年為限。

雖然目前市場看法，認為英國脫歐的效應與相關進度，皆已經充分被市場接受，後續影響不大。然而，不確定性依然存在，不是嗎？

2. 3 月是美國債務上限到期時間。美國債危機指的是美國的債務到期而沒錢還，引發的全球性危機。2011 年美國政府觸及債務上限面臨財政懸崖，2013 年更因預算問題出現政府停擺 13 天，雖然最後美國都化險為夷。

川普團隊上台後的第 3 個月就面臨美國債務上限到期，川普政府會如何處理絕對是市場關注的焦點，更何況這還牽涉到中國的利益。因為中國是美國國債最多的外部持有者，美國每一次違約和債務重組，都意味著利率上升，債券價格下跌，當然中國所持有的美國公債的資產價值也將會大幅縮水。

美國總統川普是素人執政，他的思維邏輯是不是能夠換個座位就換個腦袋？以市場熟悉的遊戲規則進行，還是他會大膽突破，改寫新的遊戲規則？實在是未知數。

3. 3~9 月歐洲政治事件不斷。2017 年可以說是歐洲政治年，3 月 15 日是荷蘭大選，4 月與 5 月有法國大選，6 月是法國國會選舉，9 月是德國大選。總統大選這種政治事件對投資市場的影響最難評估，會讓投資人心生警惕，選擇退場觀望。

其中，德國大選最受矚目。德國總理梅克爾（Angela Merkel）正式宣布參選，尋求第四度連任。而根據民調顯示，超過一半的德國人也希望梅克爾連任。即便如此，仍有很大的變數存在，為什麼？

原因就出在梅克爾的難民政策。梅克爾的難民政策讓她所領導的基民盟（CDU）於 2016 年 3 月 13 日 3 個州舉行的議會選舉嚴重受挫。梅克爾承認，接納移民的開門政策是選舉失敗的一個原因，也讓她面臨掌權以來最嚴重挑戰。

2016 年聖誕節前夕的德國柏林，一輛貨車衝入聖誕市場，造成至少 9 人死亡、50 人受傷的慘劇，這次事件再度觸發德國社會過去一年做為主要來自中東和近東地區的難民投奔之處，而早已疲憊不堪的神經。

反對黨更趁機公開指責梅克爾政府，認為梅克爾和她推行的移民政策必需對這次流血事件負責，很多德國民眾聲援這樣的論點。顯然，民粹主義的政治勢力正持續把恐怖襲擊事件轉為梅克爾政府無條件接受難民的政策錯誤，甚至是難民以及隨著難民而來的伊斯蘭化對德國和西方社會的威脅。

民粹主義的高漲，肯定是德國聯邦大選的強大干擾因數，如果對歐盟經濟政策持強烈懷疑態度的反對政黨繼續得勢，肯定大大的提升 2017 年歐洲政治與經濟形勢的不確定性。

因此，已經有歐洲媒體發聲，預期德國大選出現黑天鵝事件的機率正在大幅升高；甚至有悲觀者預言，德國大選就是歐盟解體的訊號。更何況，歐洲央行的貨幣政策似乎要等到德國大選後來因應調整，例如，歐洲央行延長了資產購買計劃，就是計畫在 9 月德國大選前不採取任何進一步的行動。

在前有英國脫歐、義大利改革公投失敗、美國特朗普當選等意料之外的情勢發展，法國的國民陣線的民意領先等的氛圍環繞又正持續發酵與影響之下，德國大選是不是真的就成為 2017 年最大的一隻黑天鵝呢？

4. 中國政府的政經改革效應。中國除了將進行十九大換屆、緊縮貨幣政策、深化執行的中國供給側政策等之外，貝萊德的研究報告進一步指出，中國面臨一個艱難困境，這個困境就是中國的債務／ GDP 比值非常接近經濟泡沫破滅之前的日本水平，更高於美國和泰國在金融危機發生前的最高水平。

當然，中國政府很努力地優先處理短期經濟的增長，並同時控管債務問題，以確保不會有損長期經濟穩定的水平。只是中國經濟是否能夠軟著陸，仍是一大不確定因素，這不但會影響中國房市、股市、人民幣的未來表現，也將會連帶引動國際金融市場的神經。

其中，人民幣的表現一直被視為是很大的一隻潛在黑天鵝，多家研究機構預期，2017 年的人民幣將會出現更大幅度的持續走低，而如果一次性的大幅下跌出現，市場究竟會如何反應？會不會連環引爆相關市場的突然崩塌呢？

5. 印度總理莫迪強硬經濟改革。以 2016 年 11 月初廢止印度國內 500 及 1000 盧比的紙幣為例，已有相關數據顯示印度的經濟成長已經受到影響，包括手機等電子消費市場銷售大幅下滑，11 月的採購經理人指數（PMI）較 10 月分下跌了 2%。

這項新政雖然是為了打擊貪腐與黑錢，讓所有較大金額交易能夠透過銀行轉帳執行，對監管與收稅皆有利。但是，印度社會貧富差距極大，很多中下階級民眾甚少使用銀行相關功能，但卻變成該政策的受害者。

名詞解釋

供給側改革

指從供給、生產端入手，通過解除供給約束，積極進行供給干預促進經濟發展。這種改革是一方面將發展方向鎖定為新興領域、創新領域，創造新的經濟增長點，另一方面也要求改革現在的一些抑制供給的體制或政策，比如縮緊的貨幣政策和繁瑣的審批制度等。

供給側改革的核心，是降低企業的制度性交易成本，包括交易成本、各種稅費、融資成本、社會保障成本等。該做法有別於以往刺激需求端的策略，反而是通過供給端來破除增長困境，釋放增長紅利。

這個政策已經對印度社會造成一定程度的混亂，部分市場人士擔心或將引爆一場風暴。

再加上，印度許多地區經歷了長達數月的極端炎熱天氣，印度大部分地區陷入了嚴重的乾旱中，農作物產量也受到衝擊。如果 2017 年氣候異常情況持續，造成經濟景氣下滑，人民生活情況跟著惡化，那麼經濟問題就會逐步轉變成社會問題，當然總理莫迪的經濟改革挑戰將更加嚴峻。

除了以上所提及的情況外，巴西、日本政府等也有艱難的經濟困境需要面對，這當然也是市場關切的重點。有這麼多隻潛在黑天鵝在市場亂飛，主要市場也都位在相對高點的位置。

這種種訊號顯示，投資人一定要提高風險意識，做好市場回檔修正的準備。於是，接下來的問題就是，市場是大修正還是小修正？大修正可以參考 2008 年金融海嘯對市場造成的影響，小修正可以 2016 年英國脫歐對市場的干擾為例。

▶ 積極因應市場調整，保全低接實力

在 2016 年 6 月 24 日英國脫歐公投當天之前，市場多數看法是公投將失敗，英國不會脫離歐盟獨立。然而，隨著當天開票結果的進展，市場卻發現贊成英國脫歐的票數領先，英國脫歐一事將會成真，於是全球主要市場劇烈反應，德國、日本股市單日跌幅 6.8% 與 7.9%；美國、印度、巴西、台灣單日跌幅在 2~4%，中國也有 1.3% 的跌幅。

慶幸的是，英國脫歐公投結果並未對金融市場帶來太大的後續影響，跌最少的中國股市於隔天就收復了跌幅，印度、巴西、台灣約花了一周時間回到脫歐公投的指數位置；美國約花半個月時間回到脫歐公投前的水位，跌幅最大的日本與德國則約花了一個月的時間，才收復失土。

英國脫歐，對全球主要股市的影響有限

股市	英國脫歐公投單日跌幅（%）	回復至英國脫歐公投水平時間
美國道瓊工業指數	-3.4	約 0.5 個月
德國 Xetra DAX 指數	-6.8	約 1 個月
日本日經 225 指數	-7.9	近 1 個月
中國上證指數	-1.3	1 天
印度 BSE30 指數	-2.2	約 1 周
巴西 Bovespa 指數	-2.8	約 1 周
台灣加權股價指數	-2.3	約 1 周

資料來源：作者整理

但是，如果是像 2008 年金融海嘯這樣的大回檔，股市收復失土就需要花更長的時間了。本書整理如下：

1. 美國股市跌幅達 49.3%，歷時 5 年的時間，才又重新站上金融海嘯前的指數水平

2. 德國股市跌幅 52.4%，歷時 6 年的時間，才又重新回到金

融海嘯前的指數位置

3. 日本股市跌幅 58.3%，歷時 8 年的時間，才又重新回到金融海嘯前的指數位置

4. 中國股市跌幅 71%，至 2017 已 11 餘年，尚未回到金融海嘯前的指數位置

5. 印度股市跌幅 56.2%，歷時 7 年的時間，才又重新來到金融海嘯前的指數位置

6. 巴西股市跌幅 49.6%，至 2017 已 11 餘年，尚未回到金融海嘯前的指數位置

7. 台灣股市跌幅 56.3%，歷時 8 年的時間，才又重新站回金融海嘯前的指數位置，只是隨後持續修正，再也回不到金融海嘯前的高點位置

由以上的情況可知，一次大幅度的回檔修正，需要耗時數年時間來恢復。換句話說，如果投資人在股災發生時，沒有採取緊急的資產防護措施，資產縮水一半將是無法避免的情況。同樣地，當市場修正完畢而開始翻轉走揚時，如果沒有採取適當的進場策略，也將輕易地錯失財富翻倍的增長機會，這可以從美股、德股、日股、台股、印股得到印證。

■ 美國股市回到金融海嘯前的水平的周期，歷時近 5 年

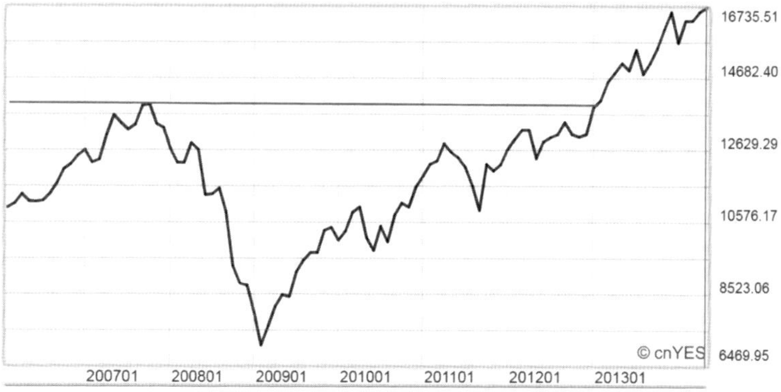

圖表資料來源：鉅亨網

■ 德國股市回到金融海嘯前的水平的周期，約歷時近 6 年

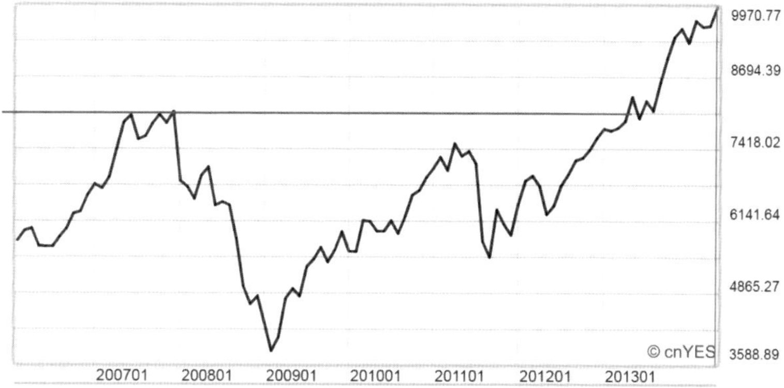

圖表資料來源：鉅亨網

■ 日本股市回到金融海嘯前的水平的周期，約歷時近 8

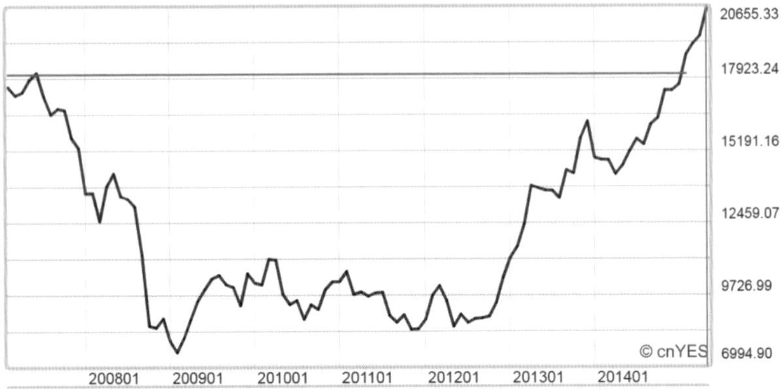

圖表資料來源：鉅亨網

■ 中國股市至 2017 年（約 11 年多時間）未回至金融海嘯前的水平

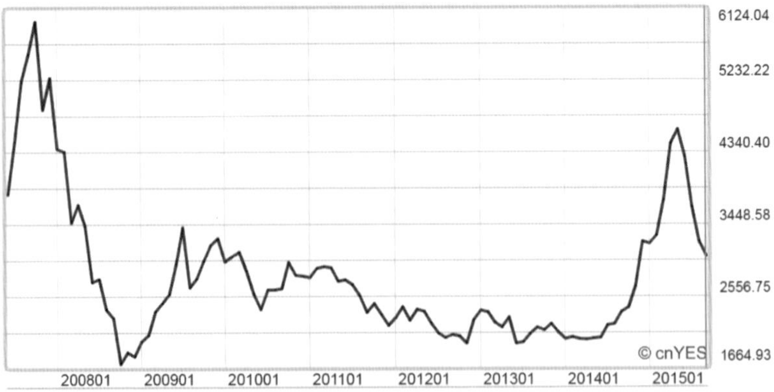

圖表資料來源：鉅亨網

■ 印度股市回到金融海嘯前的水平的周期，約歷時近 7 年

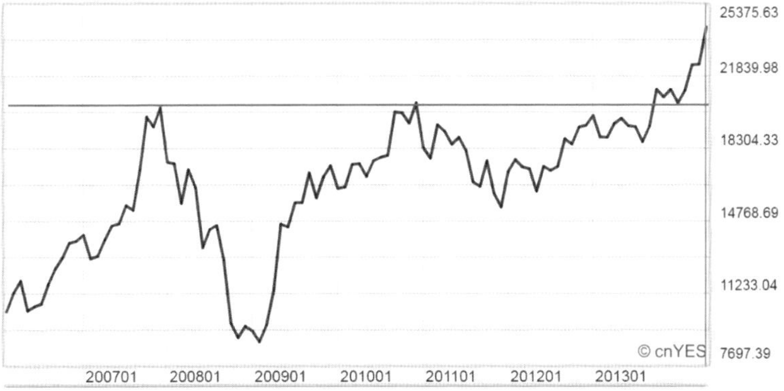

圖表資料來源：鉅亨網

■ 巴西股市至 2017，仍未回到金融海嘯前的水平

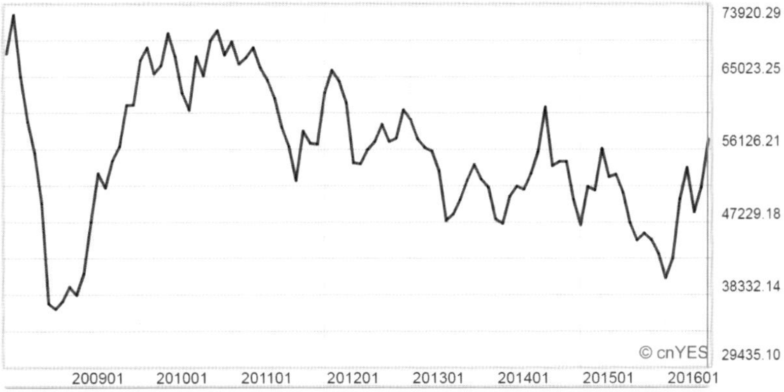

圖表資料來源：鉅亨網

■ 台灣股市回到金融海嘯前的水平的周期，約歷時 8 年

圖表來源：鉅亨網

僅管大修正還是小修正的這個問題，誰也無法回答，因為都是經過一段時間之後，才會知道實際的情況。

然而，這也是投資人應該要花時間與精神的地方，持續觀察標的市場的走勢變化，而一旦確認市場出現一波大修正走勢的機會大幅拉高時，一定要先採取資產保全的措施，以保存資產實力為優先。實務上的做法，說明如下：

步驟一、全部賣掉，或者賣掉有獲利的部分

當市場大修正訊號強烈出現時，投資人可以有兩種做法。希望全身而退，保持最強資金實力的投資人，可以立刻全數賣出，退場觀望。

而如果投資人仍然對市場的修正抱持不確定態度，就可以優先處理帳上有獲利的部位，先將獲利的部分贖回，落袋為安。

此時，投資人一定會進一步追問，本金的部分怎麼辦？如果基金是賠錢的情況，又該怎麼做？

為了充分掌握自己的資金與投資標的市場情況，來進一步擬定因應策略與做法，投資人接下來要立即採取的行動就是，一方面盤點手中資金量，一方面繼續觀察市場的情況。所以，我們先來看看怎麼盤點手中的資金量。

步驟二、盤點資金量

資金量代表某種程度的投資實力。有足夠的資金量，才能游刃有餘的度過市場修正的時期，同時還能於市場相對低檔時，進場布局，掌握下一波市場反彈或上漲的獲利機會。

以定時（不）定額投資基金為例，通常資金量的準備至少要是目前每月總投資金額乘以 12，也就是至少要有一年的資金量來備援。若投資人能力許可，建議準備 3~5 年的資金量比較適當。當然資金量可以是手中現有資金與未來每月肯定會有的閒餘資金的總計。

如果投資人盤點後，發現手中資金量不足以度過可能的股市修正時間，而且開闢額外財源的機會並不高的情況下，投資人就必須檢視手中的投資組合，進行汰弱留強，以及降低投資金額的做法。

步驟三、檢視、調整手中投資組合

投資組合的標的市場特性與前景是檢視時的重點，分析如下：

1. 投資標的市場的前景相對好嗎？試著將手中標的市場的前景由好至差排序出來，例如手中有 5 支基金，那麼在資金量不足之下，依次賣出市場前景差的基金，也就是汰弱留強。

如果賣出弱勢表現的基金之後，資金量依然不夠；又或者對投資標的市場的修正期間較為悲觀，也就是擔心修正的時間會拉很長，那麼投資人就開始降低手中投資基金的金額，直到手中資金量足夠因應為止。

2. 多空循環周期快或慢？多空循環周期快的市場，代表市場波動性通常相對高，跌得快也漲得快。例如，台灣、巴西、印度都是波動性相對較大的市場，容易出現 V 型反彈或上漲；而成熟市場日本、美國、德國的反彈速度相對較慢。

因此，投資人應優先且快速地降低波動性較大市場的投資金額，例如將原本每月定時定額 8000 元，降為每月定時定額 3000 元。至於單筆投資，可以先將投資金額降至原本的 3 分之 1，甚至是 5 分之 1，這樣做的好處是，先以少量資金，撐過市場的長期修正階段。（提醒投資人，各家銀行、投信、券商對定時（不）定額與單筆投資最低金額規定不盡相同，投資人應詳加了解。）

也因為有少量部位在市場上，一旦市場觸底反彈、上漲時，投資人藉由手中持有基金的報酬率變化，可以盡早發覺市場的轉變，比較不會錯失投資的契機。

綜合前面兩點，投資人一旦觀察出市場面臨大修正的機率增加，而手中資金量不足，一方面必須要快速的將手中市場前景相對不佳的基金處理掉，即使該基金是虧損的情況。

而當這麼做之後，如果仍有資金量不足的疑慮，投資人就需要調降手中每月定時（不）定額或單筆投資基金的金額，來進一步確保資金量的實力。

或許投資人會問，本書第六招聰明賣基金中不是提到：非必要，基金不要停損嗎？是的，如果資金量足夠，我會建議投資人降低投資金額即可，然而資金量不足時，就不在非必要的情況下了，所以必須要停損出場。

而且投資人的習性是：一看到市場大幅下跌，立刻變成殭屍一般，嚇到無法動彈。當投資人沒有在第一時間賣出，逃過市場的大修正，投資人常見的做法是：當作沒有這回事，將它放在一旁不理它了。這樣的做法會讓投資人由虧轉盈的速度變慢，時間成本相當昂貴。

那麼，如果投資人真的不願意認賠賣出，改為部分投資標的暫停扣款的方式，不可以嗎？當然可以，但前提還是一樣，投資人的資金量要足夠。如果資金量不足夠，錢又卡在暫停扣款（定時定額）或賠錢（單筆投資）的基金上，就會影響到持續扣款的基金。

更可惜的是，一旦市場修正告一段落，開始反彈或上漲時，沒有資金就沒有辦法進場單筆投資，或是提高定時（不）定額的扣款金額，投資人就只能眼睜睜的看著市場上漲，這是賠了夫人又折兵啊！

至於實務上，降低投資金額的做法。提供一個原則供投資人參考。投資人可以依據對投資市場特性的了解，例如市場的平均波動幅度？最深的修正幅度等等，來決定降低投資金額的期間有多長，例如從市場開始大幅下跌至基金虧損 30% 前的這段時間，做為降低投資金額的期間。（此部分可以參考本書前文中所提及的方法。）

當基金虧損超過 30% 之後，開始調高每月扣款金額，例如虧損每增加 5%，就提高扣款金額 1000 元，或是虧損每增加 5%，就單筆 5 萬元買進，這些都是變相的低接做法，一方面可以從容的面對市場修正，來逐步逢低承接，以拉低平均投資成本；另一方面，也能較有耐心等待標的市場的反彈、上漲，甚至能夠以較快的速與時間來減輕虧損幅度，甚至迎接獲利的喜悅。

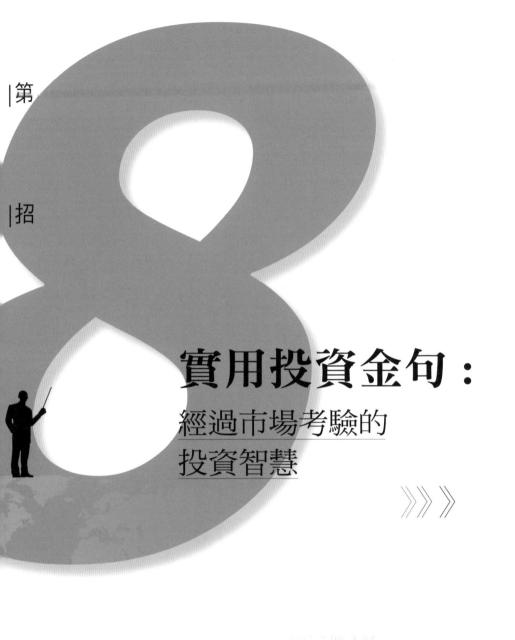

第 8 招

實用投資金句：

經過市場考驗的投資智慧

投資金句很多！但就像是投資方法或挑基金的方法也很多一樣，投資人還是要選擇適合自己的幾個即可，不需要貪多。而所謂的適合自己的核心法則，就是一方面能夠在自己迷惘、失控之際，有警惕的效果，另一方面是有助於自己的投資獲利。

以下是筆者整理、改編，以做為投資提醒、調整投資性格與做法的投資金句，與讀者們分享。

錯誤並不可怕，可怕的是錯誤顯而易見或發生了，卻不去修正，一錯再錯！

只要擁有多年投資經驗的投資人都能理解，不是每次投資都能獲利，只要獲利機率高於賠錢機率，而且是賺多賠少，投資成績就相當不錯了。

然而，投資人仍必須對賠錢的情況加以分析、反省，了解賠錢的原因。而分析的結果總會發現，不好的習慣所殘留的痕跡，只能說人的習性真的很可怕！難怪投資贏家總會說，投資人最重要的特質不是智力而是性格。

投資前輩說，習慣的鏈條在重到斷裂之前，總是輕到難以察覺。就像你以為已經把不好的投資習性改掉，卻又在賠錢的交易中發現了它的身影。

錯誤的投資習性等於賠錢！因此，投資人除了有豐富的知識和可靠的判斷力之外，要有勇氣去認錯、改錯，直到該錯誤不再成為投資的絆腳石為止。另外，對投資人而言，重要的不是知道多少，而是能不能真正明白自己到底不知道什麼，以及怎麼去正確地對待自己不明白的東西，也就是避免犯錯。

靠著自律，能夠知錯改錯，不再重複犯錯，投資人的獲利前景才會是一片坦途。而如果沒有勇氣與毅力改正錯誤。那我就只能對你說：「Hello ！您的錢掉了。」

如果不能在自己能力的範圍內找到投資標的，不要擴大範圍，而是等待。

這句話的意思，就是不要投資自己不熟悉的市場與商品。畢竟風險來自於你不知道你在做什麼。

許多投資人總是忙著追逐明牌，看到俄羅斯股市漲了一段，衝進去買；聽說印尼股市很有潛力，也急著摻一腳；突然，也許又聽到某個專家推薦中國股市，因為 2016 年沒漲到，可以便宜買，於是又心動地把錢投進去……。問題是，投資人對這些市場的特質、利多與利空因素清楚嗎？如果都不清楚，那麼不管是賺錢或賠錢，都是處在迷迷糊糊的狀態中。

本書建議投資人挑選標的市場時，依據「選大不選小」的原則，就是基於投資人先把重要市場搞懂，搞熟，從其中投資獲利。等行有餘力，再研究其他中小型市場。

對投資人而言，投資獲利的關鍵是能夠確認自己的能力、信心範圍，讓自己賺錢，而不是不斷擴大自己的能力範圍，或做出超出能力範圍的投資決策。因為賺多少錢跟能力範圍大小並不是正相關。

投資人應該要努力的目標，是在自己熟悉的領域，賺到的錢超過操作範圍大於你的人。

預測專家惟一的價值，就是讓算命先生看起來還不錯

這句話是華爾街分析師齊威格的名句，挺諷刺的一句話。然而，我的解讀並不是專家的預測都不要理，畢竟經過證明，市場分析師的正確率大約是 55%。

2016 年，許多專業投資機構都看好中國股市，也預期 10 月分人民幣正式納入國際貨幣組織（IMF）的特別提款權（SDR），將有利於人民幣升值。然而中國股市卻以全年下跌 12.31% 回應；人民幣則是一路走貶，跌破一堆專家的眼鏡。

所以重點是，投資人需要有獨立思考的能力。如果投資人有獨立思考的能力，對於所獲得的資訊，能夠辨別真偽，那麼即便是錯誤的觀點或預測，也能成為投資上有用的反指標，具有參考價值。

全然的反專家或全然的盲從，都是愚蠢的行為。只可惜，多數投資人並沒有自覺，不是缺乏獨立思考的能力，就是懶得去思考。

投資是要花時間、精神的，別再耍懶了！現在就開始思考，歸納整理出自己的投資判斷邏輯，以及哪些專家是正向指標、哪些是反向指標，以及哪些是垃圾資訊，對於垃圾資訊，直接以濾網篩除吧。

買入的時點，是投資獲利中的最重要一環

許多投資專家都告訴投資人，不要費盡心思去買在最低點和賣在最高點，高點與低點都是自然形成的，不是人為設定的。所謂「吃魚吃中段，頭尾留給別人」，就是這個道理。畢竟，能夠吃到中間一段，就算是成功了。

即使如此，本書一開始仍然強調，獲利的關鍵密碼就是時間與價位，也提供以中間線的方法，協助投資人來了解一個市場目前位置是在相對高檔區間，還是低檔區間。

因為，買在最低點是運氣，但買在相對低點，卻是投資人可以用方法做到的。投資人只要能以相對低的價位買進，就是相對好的買入時點，投資獲利的機會相對高一些。

災難發生時，就是賤價買進的好時機，買進之後，放在一邊，通常獲利就自己上門來了。

投資人應該要歡迎市場的下跌！相信這句話讓很多投資人覺得刺眼，尤其是滿手標的，卻遇到股災的投資人。然而，這句話確是實情，因為投資人可以用便宜的價格買到好標的。

如同本書所強調的，危機是危險＋機會，股災發生就是很大的危機，金融市場通常會出現非常大的一波修正幅度。此時，就算是好標的，也會出現破盤價。當然，股災發生時，不應該第一時間衝進去買，而是應該蒐集資訊，再根據標的市場的特性，加以追蹤研判。

例如，市場修正幅度已經達過去歷史最大跌幅的50%，也來到特定一段時間（例如5年）的中間線位置之下，投資人可以開始準備分批、逢低買進，此時危險就轉變為機會了。

投資大師華倫．巴菲特說：我也會有恐懼和貪婪，只不過當別人貪婪的時候，我是恐懼，而當別人恐懼的時候，我就變的貪婪。當災難發生，金融市場不斷下跌，所有言論悲觀，身邊投資朋友都遲疑觀望時，你就可以像巴菲特一樣的貪婪。

投資遭受損失時，切忌「賭徒式加碼」，以謀求攤低成本。

這是技術分析大師—威廉•江恩的名言。投資人解讀時，重點要放在「賭徒式的加碼」這句話。投資人多少有這樣的經驗，眼看自己的投資標的跌跌不休，於是衝動地再買進，這通常是出於本能，因為投資人心急地希望跌勢差不多了，加碼買進就可以一方面攤低成本，一方面賺到反彈或上漲的錢。

然而，跌的差不多了是經過分析、研判，還是因為看到虧錢而著急，因此幻想應該跌的差不多，而且把幻想直接當成真的現實呢？賭徒式的加碼，就是指後者。常理是，當人一莽撞時，發生失誤的機率就高。

定時（不）定額投資基金，長期下來就有攤低成本的效果。而如果遇到標的市場出現大幅修正，不論是定時定額還是單筆投資，只要是有計畫的在一定下跌幅度後，例如 30%，開始紀律性地、分批地加碼買進，就不是賭徒式的加碼。

換句話說，加碼攤低成本不是不行。重點在投資人是不是充分清楚該標的市場的特性與情況？如此，加碼才能真的幫投資人降低平均成本，加快轉虧為盈的速度。

讓趨勢成為你的朋友

這是投資大師彼得•林區的名句。資深股評人、《信報》首席顧問曹仁超也有同樣的見解，他說：「有智慧不如趁勢。」

投資前輩們非常推崇這句話，也有類似的兩個有趣的譬喻可以呼應順勢而為的重要性。第一個譬喻是，要想游得快，藉助潮汐或風力的力量，要比用手划水效果更好。這個比喻簡單易懂，也點出了順勢而為，借力使力的好處。

另一個譬喻是，當暴雨造成水面上升，池塘裡的一隻鴨子隨著上升的水也跟著往上浮起。此時鴨子通常以為上浮的是自己，而不是池塘。第二個譬喻點出，很多投資人獲利時，常常忘了自己只是搭上市場大趨勢的順風車，洋洋自得投資功力大增。直到一個大浪打過來，船翻了，賠錢了，才知道在市場面前，謙卑的態度，才能持盈保泰。

此外，一個趨勢的出現，往往大部分的人不會意識到，直到趨勢成形，甚至市場已經反映 5~6 成時，投資人才會發現。還好，定時（不）定額投資基金，可以讓投資人抓住趨勢，投資人更可以藉由每月看月對帳單的機會，定期檢視市場的表現。

假設投資人預設 20% 是停利點，一旦發現基金的投資報酬率已達到 20%，除了將獲利部分賣出，落袋為安外，還可以蒐集資訊了解市場可能的發展方向，擬定好策略。如此，不論市場走多或走空，投資人都能平靜生活，因為已經有方法來面對了。

承擔風險，無可指責，只是記住千萬不要孤注一擲。

喬治・索羅斯是有名的投機炒作大師，被稱為金融大鱷。但他卻說過這麼一句話，為什麼？因為，偉大的投資者看重「管理風險」。

風險關乎投資人會虧多少錢。投資人手裡要有資金，才有投資的實力。如果投資人面對的風險過大，損失太多，錢賠光之後，也就出局了。因此，一位成功的投資者會不惜一切代價避免風險，有自己的一套停損機制，而且投資前也會先想想可能會虧損的金額。

市場隨時暗藏風險，如果沒有管理好風險，很可能一次的虧損就會吐出先前所有的獲利，更糟的情況則是賠光了資金。

投資基金的風險控管，主要在於衡量手中閒餘資金的多寡。建議投資人先用三分之一或二分之一的閒餘資金布局主要市場。如果進場後發現市場表現不如預期，還可以先降低定時（不）定額的資金，直到虧損幅度達設定標準時，逐步、分批的以閒餘資金慢慢加碼。

隨時讓自己保持充足資金的狀態，投資人就能用時間、資金等待市場的反彈或上漲。

Orange Money 05

存股不如存基金

——兩個指標教你找到飆基金，讓你降低風險、存款增值

作者：張國蓮

出版發行

橙實文化有限公司 CHENG SHI Publishing Co., Ltd

粉絲團 https://www.facebook.com/OrangeStylish/

MAIL: orangestylish@gmail.com

作　　者	張國蓮	
總 編 輯	于筱芬	CAROL YU, Editor-in-Chief
副總編輯	謝穎昇	EASON HSIEH, Deputy Editor-in-Chief
美術編輯	亞樂設計有限公司	

編輯中心

ADD／桃園市大園區領航北路四段382-5號2樓

2F., No.382-5, Sec. 4, Linghang N. Rd., Dayuan Dist., Taoyuan City 337, Taiwan (R.O.C.)

TEL／（886）3-381-1618　FAX／（886）3-381-1620

MAIL: orangestylish@gmail.com

粉絲團https://www.facebook.com/OrangeStylish/

全球總經銷

聯合發行股份有限公司

ADD／新北市新店區寶橋路235巷弄6弄6號2樓

TEL／（886）2-2917-8022　FAX／（886）2-2915-8614

初版日期 2018年3月

橙實文化有限公司
CHENG -SHI Publishing Co., Ltd
Orange Money

橙實文化有限公司
CHENG -SHI Publishing Co., Ltd
Orange Money